如何做领导才满意 如何管员工才快乐

陈炳旭 著

中国财富出版社

图书在版编目（CIP）数据

如何做领导才满意 如何管员工才快乐 / 陈炳旭著 .—北京：中国财富出版社，2014.6

（华夏智库·金牌培训师书系）

ISBN 978-7-5047-5191-1

Ⅰ.①如… Ⅱ.①陈… Ⅲ.①企业领导学 Ⅳ.① F272.91

中国版本图书馆 CIP 数据核字（2014）第 076437 号

策划编辑	刘淑娟	责任印制	方朋远
责任编辑	刘淑娟	责任校对	杨小静

出版发行	中国财富出版社		
社　址	北京市丰台区南四环西路 188 号 5 区 20 号楼　邮政编码 100070		
电　话	010-52227568（发行部）　010-52227588 转 307（总编室） 010-68589540（读者服务部）　010-52227588 转 305（质检部）		
网　址	http://www.cfpress.com.cn		
经　销	新华书店		
印　刷	三河市西华印务有限公司		
书　号	ISBN 978-7-5047-5191-1/F·2140		
开　本	710mm×1000mm　1/16	版　次	2014 年 6 月第 1 版
印　张	15.75	印　次	2014 年 6 月第 1 次印刷
字　数	226 千字	定　价	35.00 元

前　　言

人要创造被充分利用的价值！无论你从事什么行业、什么岗位、什么职业，谁能被更多地利用，谁的价值就越大。然而很多人意识不到这点，总希望能够处处利用别人，让别人为自己创造价值。其实，这种观点是不正确的！

有人说：现在的社会就是人和人相互利用，获得自己的利益的社会。从表面看，现实很残酷；从本质上说，又是必然。试想，如果一个人没有任何被利用的价值，那他的价值又从何体现？

员工之所以会获得报酬，是因为能够被企业所利用而产生价值；经理人之所以拿高薪，是因为能被董事会所利用而创造更大的价值；大师、专家、学者出场费动辄几万、十几万，是因为他们的智慧能被更多的人所利用；即使是演艺明星，也是因为他们能被利用满足个人业余消遣的人数众多，才会大红大紫，体现出自身价值。

那么，如何才能被更好地利用，成为不可替代的那个人，创造更大的价值呢？那就需要我们站在对方的立场看问题，站在旁观者的角度看自己。

当年，上帝创造了人以后，给了人一件衣服。在衣服前后各有一个口袋，前面的口袋装优点，是为了让人们有自信，向着光明的前方不断前行；后面的口袋装缺点，是为了让人们在前进的过程中不断抛弃自己的缺点，轻装上阵。

可是，后来问题一个个地出现了。当我们看别人的时候，更多的是看到后背，看见对方正面的时间短；特别是看比自己跑得快的人，就只能看到后背了；当我们看自己的后背时，却无论如何也看不到或看不清口袋里的东西。

不过，人类有足够的聪明才智去改善现状，衣服上后面的口袋被去掉了，掩饰了自己的缺点；而前面的口袋却越来越多，足够我们炫耀自己了。所以，现代人越来越自信，甚至到了狂妄和自我膨胀的地步。

人才是可被利用的、能创造更大价值的人。当今社会，市场竞争日益激烈，企业内部的竞争也逐渐白热化。企业的竞争就是人才的竞争，是企业的根本，是企业最宝贵的资源。员工优秀与否，成为企业生存与发展的决定因素，影响着企业的成败。

如果把团队看作是一支篮球队，那么管理者就是队长，不但要在场上指挥队友共同进攻，更要身先士卒，冲锋陷阵。他们是企业不容忽视的中坚力量，是企业发展的基础，又是企业人才的后备军。

职场中，每时每刻都上演着管理与被管理的情景，如何做一个让领导满意的员工，如何做一个让下属信服的管理者，是很多人都会遇到的问题。

新人进入职场之后，为了获得领导的肯定，都会全力以赴；进入领导岗位之后，为了管好自己的团队，每个管理者都会绞尽脑汁。可是，经过一段时间的努力之后，员工却认为，自己怎么做都无法达到优秀员工的标准；管理者也觉得，团队管理似乎总是有着这样那样的问题。其实，每个人都可以成为一名优秀员工，每个人都可以成为优秀的管理者，只要大家肯努力。

为了解答众多员工和管理者的困惑，笔者结合自己多年来的工作经验及企业咨询案例编写了本书。

本书一共分为上下两篇：上篇，如何做，领导才满意。精选了一些典型的案例，透彻分析，给员工介绍了很多切实可行的方法。下篇，如何管，员工才快乐。从现实管理中存在的问题出发，给管理者介绍了一些新方法。有了这些独特的方法，管理者的管理水平一定会显著提高。

今天的职场，既离不开员工，也离不开管理者。如果没有员工，管理者也就无用武之地；如果缺少管理者，员工的最大潜力则很难发挥出来，企业的成长也就成了一句空话。因此，要想成就企业，需要员工和管理者的积极配合，二者缺一不可！

老子《道德经》第三十三章云："知人者智，自知者明。胜人者有力，自胜者强。知足者富，强行者有志，不失其所者久，死而不亡者寿。"当我们认清自己，并且抱着"创造被充分利用的价值"的信念来读本书的时候，相信你一定会有更大的收获。

今天的好员工，就是明天的好领导！

做好领导，从做一名优秀员工开始！

作 者

2014年3月

目　　录

上篇　如何做，领导才满意

下篇　如何管，员工才快乐

上篇　如何做，领导才满意

第一章　将公司当家，做公司的主人

“不要浪费，能省则省！”——具有主人翁精神

任何一家公司，如果员工铺张浪费、不懂节俭，就会增加企业的成本负担。具有主人翁意识的员工，通常都不会这样做。要想让自己在职场中有所收获，就要从自己做起，不要浪费公司的钱财，即使是一张小小的打印纸也要能省则省。

职场中，对于任何一名员工来说，都要把自己的位置摆正，充分发挥主人翁精神。其中，重要的一点就是要节俭。节俭是每一个员工的责任，要树立“从我做起，时时节俭”的观念，把节俭落到实处。公司是所有员工的，只有员工节俭，才能形成合力，才能为企业带来竞争优势。

5月份，小黄所在的公司推出了一种新的产品，需要更新品牌，员工们忙得团团转。虽然说需要支付很大一笔费用，可是所有的计划都在按部就班地进行着。

有一天，小黄发现了问题，跑来跟经理说：“经理，我觉得有一笔3

万元的经费可以省下来。为了做宣传，咱们需要更换掉原来的60块路牌。这些路牌大小不一，需要找广告公司来帮忙做，估计需要花3万元。如果让我们自己的美工加班加点做个一两天，我觉得也能做完，这笔钱就可以省下来了。”

经理问：“为什么，这样做不是太麻烦了？交给别人做更简单！咱们就省事了。”

小黄：“不要浪费钱，能省则省。公司每天的开支都这么大，省下的就是赚下的。”

这时候，老板正好从他们身边经过，很显然已经听到了两人的对话。他问小黄：“你觉得，咱们的美工能做好这项工作吗？”

小黄说：“我觉得完全可以，虽然说，这项任务会让美工的工作量增加很多，可是可以给他们奖励啊！多劳多得！这样用少量的钱就可以解决原来的问题，省下的钱就可以留作他用，要把钱花在刀刃上嘛！”

老板很欣赏小黄，接受了他的建议。

案例中，小黄在工作的时候发现了问题，便直言相告。他将公司的事情当成是自己的事情，主动承担起了责任。其实，在计划工作的时候，这笔钱早就包括在预算内了，可是小黄以一种“把钱花在刀刃上”的心理来提出这样的建议，实在难能可贵。任何一名优秀员工，都会将“想主人事、干主人活、尽主人责、享主人乐”的主人翁意识深入自己的内心，并内化为一种自觉行动。

大学毕业后，张涛和李华同时被一家很有实力的公司招了进去。

上班的第一天，主管把他们叫到了办公室，郑重地对他俩说：“其实，公司内部只缺一个人，你们两个都很优秀，我们很难取舍。在3个月的试用期结束后，我们会决定最终聘用谁。希望你们在这3个月里，将各自的优势都充分发挥出来，好好表现！”张涛和李华都暗下决心：一定要做得比对方出色。

从办公室出来的那一刻，两个人就在暗中较上了劲。两人都意气风发，学有所长。主管十分欣赏他们，很难决定该录用谁。可是，就在试用期的最后一天，主管却宣布——李华被录用。究竟是怎么回事呢?

原来，上个星期日的晚上，张涛去给同学过生日，第二天才回来。张涛径直走向公司的办公楼，中途碰到了李华。李华问他昨晚去哪儿了，还提醒他宿舍的灯亮了一个晚上，让他回去关。张涛却不屑一顾地说：“我都快累死了，反正不用我交电费，让它亮着吧。”这时候，主管正好从他们旁边走了过去。

公司一般都喜欢那些为公司着想、能够自觉地为公司节约开支的员工。张涛对公司的资源没有节约意识，自然摆脱不了被解雇的命运。

事实证明，如果一个公司每名员工的主人翁精神发挥得好，就会充满活力、充满朝气；相反，如果员工以个人利益为重，那么这样的公司只是一个机械化运作的车间，很快会被市场经济所淘汰。要想获得领导的肯定，就要具有主人翁精神，厉行节俭，关心和爱护公司的一切。

不管公司实力多么雄厚，财富都是一分一分积攒下来的；不论多么庞大的财富帝国，要想基业长青，都需要节俭的精神；不论多么庞大的企业，也需要每一位员工的勤劳节俭才能不断发展壮大。所以，作为员工，一定要有节约的观念，要身体力行，把节俭的理念灌输到日常的工作之中。

从我做起，从小事做起，从自身岗位做起，把握工作和生活中的每一个环节，从每一件小事、每一处细节中找到勤俭节约的每一条途径。

比如：

（1）白天，办公室尽量使用自然光线；下班时，要将室内的照明灯、电脑、打印机、复印机、电热水壶等电器关闭，并彻底切断电源。

（2）上卫生间和使用自来水的时候，一定要关紧水龙头，不要让自来水长时间流淌。

（3）打印文件时最好采用双面打印，能够口头传达的事务，绝不形成纸质文件，尽可能做到无纸化办公。

（4）多使用钢笔书写，减少使用一次性水笔的次数。

（5）在办公室没有来客需要招待时，尽量减少使用一次性纸杯的次数。

（6）外出办事的时候，尽量结伴坐车，减少车辆的重复使用，降低公司车辆的支出成本。

事实证明，只有“从我做起”的观念在员工心中深深地扎下了根，才会促使他们自动自发地为公司节约成本。“勿以俭小而不为，勿以奢小而为之”，从我做起，从点滴做起，才能树立起节约意识。

古语说得好，“涓涓细流，汇成海洋”“聚沙成塔，集腋成裘”。如果说企业效益是条大河，那么员工创造的利润就是这条河里的一滴水，一个人省一滴水，无数滴水汇集在一起，就会形成汹涌澎湃的浪涛，才会有波澜壮阔的大海。

每个员工都厉行节约，这里节省一点，那里节省一点，加起来就会成为惊人的数字。一个人的力量有限，但无数个有限组合起来，便是无限，便会产生无坚不摧的力量。因此，要从现在做起，从自己做起，厉行节约，这是每一个有主人翁意识的员工都要做到的。

“无可奉告！”——保守公司机密

公司的利益高于一切！公司的机密不能公开！在任何情况下，员工都要把保守公司机密当作自己的首要任务。不管做什么事情，不管面对哪些人，不管对方提出什么“好处”，都要将保守公司的机密当作重中之重。爱企如家，就不能将公司的机密随意泄露。

保守公司机密是一个员工必须恪守的职业道德。作为一名员工，千万不能忘了自己在公司扮演的角色，要为公司争取利益，不能为了个人利益而去泄露公司的秘密。

王建霞在一家咨询公司做前台，接触最多的信息就是最近谁到哪里出差了，要订什么机票；今天哪家公司要来公司访问，要订什么餐厅和宾馆……对于公司的机密虽然她了解得不多，可是她却给自己制定了严格的要求——不能和他人讲述关于公司的事情。可是，王建霞怎么也想不到，自己在无意中会泄露公司的机密。

一天，王建霞和同学赵婷相约到一家茶社喝茶，赵婷给她引荐了一位朋友——李想。李想在一家研究所当研究员，闲谈中，问起了王建霞的工作情况，并顺带问了问王建霞公司的情况。

为了在别人面前显摆，也为了证实自己的公司是个有实力的大公司，王建霞就顺口说出了几个和公司有着密切联系的客户名字。可是没想到，言者无意，听者有心。李想记住了王建霞所说的客户名，回去之后立刻着手查找信息，收集资料，很快就将王建霞所在公司快要签订的一个项目搅黄了。

看到嘴边的肉被人抢了，老板非常生气，派人四处调查，最后发现问题居然出在王建霞身上。王建霞真是百口莫辩，她没想到，一次简单的喝茶聊天，居然会害了自己。这件事情发生之后，公司迅速与员工签订了保密协议。

本案例告诉我们，有些不经意的泄密，会使公司蒙受巨大损失，甚至破产，这样的结果是任何一个员工都不想看到的。不可否认，王建霞的事情还不是很严重，她并不是有意要泄露公司的机密，只不过被一些别有用心之人利用了。一旦了解到信息，竞争对手就会顺藤摸瓜了解到更多的信息，这对公司的发展是非常不利的。

2013年的一天，一家外资公司要招聘一名技术人员，月工资8000元，应聘者蜂拥而至，李成也是招聘大军的一员。李成本来是一家公司的技术人员，可是由于单位效益不好，在年前便辞了职。

整个招聘过程分为两个环节，首先是笔试，最后是面试。笔试的时候，李成一一做答，可是最后的两道题目却让他感到很头疼：“您曾任职过的公司的核心技术是什么？”

其实，这类题目对于曾在公司搞过技术的李成并不难，可是他却迟迟不敢将答案写出来。多年的职业道德在约束着他，最后他毅然在考卷上写下了4个大字：“无可奉告！”

李成知道，自己这次应聘肯定是失败了。于是，他又开始了新一轮的应聘。就在他连日奔波、另谋职业的时候，却收到了外资公司发来的录用通知。录用通知上清楚地写着：你被录用了，因你的能力与才干，还有我们最需要的——保守公司秘密。

不可否认，李成之所以被录用，主要得益于他的守口如瓶。今天，保守公司秘密已经成为现代公司判断和衡量员工的一个基本准则。公司固然需要精明能干的员工，可是如果在外面肆意宣扬公司的秘密，即使你的能力再出众，依然不是一名合格的员工，是很难受到公司欢迎的。

职场中，如果不知道什么该说什么不该说，除了公司已经公开宣布的信息，其他任何关于公司的信息最好都不要说。如果公司觉得可以向外界透露，自然会通过正式渠道跟大家说明白；公司没有发布的，一般都是有所避讳的，一定不要多嘴说出去，否则就会有泄密之嫌。

有时候，即使是一些不太重要的小事，或者是公司内部众人皆知的不重要信息，也会被竞争对手充分利用。因为有些信息对于竞争对手来说，是很有价值的，他们会由此了解到关于你们公司的更多信息。因此，为了公司，也为了自己，不该说的时候一定要三缄其口。

优秀的员工一般都是公司秘密的是守护者，如何才能做到这一点呢？

1. 不该问的不问

众所周知，每个职位都有一定的权限和责任，都会明确地告诉你在这个职位上，该了解什么信息，该承担什么责任。该你知道的信息，即使你不问，别人也会告诉你；不该你知道的信息，如果你一味地追问，只会让双方陷入尴尬境地。

2. 不该听的不胡乱打听

任何一个老板都不希望自己辛苦打拼的事业转眼间就灰飞烟灭，胡乱打听不该打听的事情会让老板反感。有些员工喜欢站在老板门外偷听，这是最要不得的。

在大多数情况下，苹果公司的保密依赖于员工的自觉性。但在有些情况下，苹果会关注员工外出之后所说的话，甚至是他们在出去喝杯啤酒的时候。苹果的便衣安全人员就潜伏在酒吧附近，如果员工在那里高谈阔论就会有被解雇的危险。

“公司目标 2000 万，我的目标当主管！”
——与企业共同成长

要想让自己获得长足的发展，就要和企业共同成长。荀子在《劝学篇》中说：“不积跬步，无以至千里；不积小流，无以成江海。”所以，员工不仅要保持工作激情，大事做正确，小事做完美；要有较高的执行力，提高工作效率；还要不断学习，努力提升自己……如此，才能在为公司创造价值的同时成就个人的人生梦想。

满足于现状，是很多职场人士的一个通病。如果不以进取之心从事工作，仅仅满足于现状，不能将自己的个人目标和公司目标相结合，与公司共同成长，不仅很难做出成绩，就连现有的职位也很难保住。

大学毕业后，李涛与郭晓昌一起应聘到了一家企业。由于是同班同学，两人关系很好。李涛性格直率，很多时候都是心里想什么嘴上说什么，无确切目标。而郭晓昌的目标却很明确——一步一步向上走，做个高级职业经理人。因此，凡是有利于实现这个目标、有挑战性的工作，郭晓昌都会积极去做；而遇到对实现目标没有帮助的，他或者不吭声，或者私下鼓动李涛出头。李涛比较喜欢做些轻松点的工作，因此通常都很愿意去做。

两年之后，郭晓昌顺利升迁至中层管理者，而李涛依然在原地打转。李涛感到很纳闷：自己工作认真，能力不弱，业绩不弱，为什么就不能升职呢？

不可否认，案例中的郭晓昌之所以能够走上管理岗位，主要就是因为给自己确定了一个明确的目标，在公司获得发展的同时，他也实现了个人的成长。

很多公司都会教育员工：要以公司目标为目标，以团队目标为目标；只要公司成功了，团队成功了，个人也就成功了。很多员工都认同这个说法，但我们还得明白一点：公司和团队不能跟你画等号，你就是你，如果没有获得个人的成长，一切都是零。只有秉承和公司共成长的信念，积极进取，不断地积累工作经验与人生阅历，才可以充分挖掘出自己的潜能，实现个人的人生价值，享受到人生的乐趣。

一个人的心胸有多大，舞台就有多大！进取心和目标是成功的起点，但凡成功者，无不时刻提醒自己追求的人生目标。其实，不管你出生于哪个年代，都会有成就梦想的渴望，如果你想实现自己的人生价值，就要做好和公司一同成长的准备。

1. 保持工作的激情

工作中，我们每天都要面对大量繁杂的事务，有些人会感到烦躁；当自己努力做出来的方案得不到领导认可时，有些人会气馁……职场中，各种各样的打击和烦恼都会悄悄地削减你的斗志，使你失去工作的激情。

激情是隐藏在一个人背后的一种强大的动力，会激发出你的智慧，给你增添勇气，鼓励你不断接近自己的目标。一个没有激情、失去斗志的人，在生活中不会快乐，在工作中更难出业绩。一旦形成恶性循环，只会让自己充满负能量，机遇之门也会渐渐对你关闭。

2. 从小事做起

有些人在心中为自己确立了一个大目标，也想跟着企业一起成长，可是一旦遇到问题，就会草率应付。殊不知，成就大事的人都是非常关注细节的人，成功是由无数个细节组成的。职场中，千万不要因为事情小而嗤之以鼻，想要登上巅峰，就要走好脚下的每一步。大事做正确，小事做完美。

“泰山不拒细壤，故能成其高；江海不择细流，故能就其深。”事实证明，当你关注每一个细节，做好每一件小事时，距离心中的目标也就越来越近了。

3. 不断学习

俗语说得好：“学无止境。”世界上没有永远成功的公司，也没有永远成功的个人。作为员工，要想在公司扎根立足，要想和公司一起成长，就要不断学习，积极进取。如果你停下了学习的脚步，墨守成规，倚老卖老，就会落在其他员工的后面，时间长了，只能被淘汰。

“我爱我的公司，为什么要走？”——好员工爱企如家

> 如果你想成为公司的重要职员，还想在这个公司好好干下去，并期望有所发展的话，首先就要热爱你的公司。随便跳槽的行为，不仅不能给你带来些许好处，还会让自己背上“不忠”的恶名。优秀的员工都热爱自己的公司，他们会在企业默默驻守，不会这山望着那山高。

热爱公司不只是一种想法、一种观念，更是一种行动，不管在任何时间、任何地点，都要表现出对公司的热爱。除了家庭，我们每天在公司工作的时间是最多的，因此要像热爱家庭一样热爱公司。

贝蒂的学历不高，是一家公司的普通职员，每天的主要工作就是接听电话，记录客户反映的情况。每天早晨，贝蒂都是提前半个小时到达办公室，当其他同事来上班的时候，她已经把办公室打扫得干干净净。

后来，公司遇到了困难，很多员工都跳槽到了另外的公司。男友也给她联系了一家公司，可是贝蒂却不愿意走。她对自己的男友说：“虽然我做的工作微不足道，可是我爱我的公司，为什么要走？”

案例中，贝蒂将自己的公司看作家庭，每天都会把办公室打扫得干干净净，当其他员工跳槽的时候她却选择了留守。不可否认，贝蒂的这种精

神是值得我们每个人学习的。也许其他员工比她更有能力，更有学识，但是，如果不热爱自己的公司，即使换个公司也是很难有所发展的。

如果每个员工都能像贝蒂一样热爱自己的公司，时刻站在公司的角度来考虑问题，那么，你的职场生涯就会呈现出另一番景象。从进入公司的那一刻起，你就成了大集体中的一员。公司是员工走向成功的载体，员工只有真正热爱自己的公司，才能实现个人的梦想。

李毅是一家农贸公司的产品销售员，虽然职位很低，但是不管是在外出、采购中，还是在交际、吃饭中，抑或在自己的私人交往中，只要一有机会，他都会将公司的企业文化告诉别人，甚至将这几个字写到名片上赠送他人——“童叟无欺、纯绿色食品”。

一段时间之后，李毅的这一举动被总经理发现了。总经理将他叫到办公室，问：“你觉得在工作时间之外，还有义务为公司做宣传吗？”

李毅愣住了，反问道：“我是公司的一员，难道只有在上班时间才是公司的员工，下班之后就不是了吗？这是我的家，我爱公司，无论什么时候我都有义务让它变得更好。”

之后的时间里，李毅依然勤勤恳恳地工作着。三年之后，他被提拔为公司的副总。

不可否认，李毅之所以能够获得提拔，就在于他对公司的热爱。当你能将工作融入自己生活的时候，你就会发现，工作是一件快乐的事情，心态变了，业绩好了，自己的价值也随之获得了提升。

作为公司的一员，就要热爱公司，即使哪天离开了公司，也不要诋毁它。毕竟那是你自己曾经的选择。那么，如何才能做到这一点呢？

1. 为公司多做一些事情

职场中，很多人连自己的本职工作都做不好，怎么能热爱自己的公司，自然更不可能多做一些事情了。这样的员工，在企业都是不会受到欢迎的。有些人，自以为已经把工作做得很出色了，可是却没有得到任何的升迁，因此整天抱怨连连。可是，要知道，优秀的员工不仅会出色地完成本职工作，还会时刻想着“我能为公司多做些什么？”并且付诸行动。

2. 努力维护公司的形象

有些人经常会在背地里和他人谈论公司或老板的坏处，这种做法最要不得！这样做，不仅会对老板和公司造成负面影响，同时也是在否定自己：如果你有能力，为什么还待在这家破公司？没有人会相信这样的人，没有哪个老板会喜欢这样的人。

“公司‘摊上事了’，我得留下。”——与企业共患难

> 既然选择在一家公司工作，就要和公司同呼吸、共命运。当公司取得良好业绩的时候，要和它分享喜悦；当公司遇到困难的时候，更不能背弃它。“乘客”心态要不得，能和公司共患难的员工才会得到重用。企业真正需要的是能和企业共患难的员工！

从你进入公司的第一天起，自己的命运就和公司紧密地联系在了一起。

公司是承载员工事业的船，员工则是推动公司不断前行的水手。一旦遇到了风雨、暗礁、海啸等危险，员工都不能轻易逃避，唯一能做的就是——要努力使这艘船到达成功的彼岸。

赵刚大学毕业后，应聘到一家著名的广告公司工作。老板是个拥有聪明头脑的企业家，为人亲和，做事认真，赵刚真心地佩服他。

赵刚干得很不错，深受老板的赏识。看着公司的订单一天比一天多，公司的实力一天比一天强，赵刚感到很欣慰。公司发展了，他的工资也翻了一番。赵刚更加坚定了追随老板长期干下去的决心。

可是，好景不长，半年之后公司承接了一个项目，所有的资金都垫付进去了，资金周转出现严重问题。老板不得不宣布暂时停发工资，改到下个月一起发。三个月后，现状并没有得到改善，很多员工都陆续辞职了。

赵刚相信奇迹随时都可能出现，于是选择了留下。当有人高薪聘请他时，他婉言谢绝了。半年后，公司摆脱了困境，逐渐步入正轨，并很快获得了发展。赵刚因为在公司陷入困境时不离不弃，被提拔为副总经理，成了业界颇有声誉的名人。

不难发现，赵刚的成功一方面来源于他本身的才能，另一方面在于他有着多数人所不具有的忠诚精神。在公司遇到困难的时候，他没有临阵脱逃，而是勇敢地选择与公司共患难。试想，一个这样忠诚于企业的员工，有哪个老板会不喜欢？

公司发展好的时候，员工趋之若鹜；公司一旦出了问题，则纷纷离去。这样的员工只能与公司同享乐，却无法与公司共患难……任何一家企业都不喜欢这样的员工，更不可能委以重任。只有具有和公司共患难的精神，才能为自己赢得领导的信任，争得更多的机会。

任何一家公司的发展都不是一帆风顺的，都会经历一些困境和挫折；可是一旦公司能够挺过来，就会获得长足的发展。如果你急功近利、目光短浅，是很难获得发展的。虽然现在社会上可供选择的工作机会比较多，但是如果没有与公司共患难的思想，也是很难做出成就的；只有与公司同舟共济，真心付出，才能在事业的道路上有所收获。

1. 公司的命运就是自己的命运

公司和员工之间存在一种互相选择的关系：有时候是公司在选择你，有时候你可以选择公司。当你选择了一家公司，打算在这里获得成长的时候，就要将公司的命运看成是自己的命运；如果公司发展好了，你的能力和薪资自然也能得到提升；如果公司出现了问题，你的境遇也不会好到哪里。

公司与员工的命运有着千丝万缕的联系，公司的发展不仅有利于老板，也有利于员工自己。事实证明，从遇到危机的公司里跳槽出来的求职者是很难受到用人单位欢迎的，只有将公司的命运当成是自己命运的人，不嫌弃公司，热爱公司，才能获得长足的发展。

2. 无论遇到什么，都不能后退

越是困难的时候，越能够考验一个人的道德观和价值观。当公司出现问题的时候，有些人会趁机落井下石，说公司的坏话，说老板的坏话，甚至会辞职不干。

可是要知道，公司都不喜欢这样的员工，只有能够时刻与公司共命运的人才能获得长远的发展；如果你与公司同生死、共命运，公司定然会给你最大的回报。在公司发展的过程中，不管遇到什么情况，成功也罢、失败也罢，你都是公司的一员，绝对不能后退！

第二章　责任是金，责任比能力更重要

“责任到此，不能再推。”——好员工不会推卸责任

工作，意味着责任。一个有责任心的员工，会认真做好每一件事，不会用敷衍的心态去完成任务；当工作中出现问题时，他们不会找各种各样的理由来推卸责任。老板需要的是能够帮他解决问题的员工，那些遇到问题就找各种理由推卸责任的员工是不会受到重用的。

每个人都有一种利己倾向，当做出成绩的时候，都喜欢将功劳归功于自己。可是，当遇到问题的时候，绝大多数员工都会推卸责任，这是人类的一种劣根性。在职场中，要想让自己做出成绩，要想让自己成为优秀的员工，就不能推卸责任。

陈晓大学毕业后应聘到一家电视台工作，由于工作努力，没用多长时间，他就得到一次跟前辈张姐出去采访的机会。陈晓感到很高兴，一路上都跃跃欲试。

可是，到了目的地之后，才发现忘记带话筒电池了，张姐有点不高兴了，责备他说：“你怎么这么粗心，居然把采访中常用的工具都忘记带了！”

陈晓有些不服气，顶撞说："采访又不是我一个人的事，为什么要把责任推给我？而且，我今天是来跟你们学习的，不是跟班打杂的！"

张姐听完，生气地说："你怎么能推卸责任？大家都在忙，就你闲着，你就不能检查一下设备吗？既然这件事情不是你该做的，那你就去做你该做的事情吧！你不用跟我了，可以走了！"

案例中，陈晓和前辈出去采访，结果忘带了电池，张姐责怪了他几句。作为新人，这时候陈晓完全可以承担责任，主动认错，可是他没有做，而是认为这件事情和自己没有关系。张姐对他不满意，自然也就不愿意带他了。

工作，意味着责任。老板需要的是一个能够帮助他解决问题的员工，而不是一个出了事故找各种理由推卸责任的员工。案例中的陈晓，肯定是不会受到欢迎的。推卸责任是一种不良的工作行为，一定要加以杜绝。

昭平是一家公司的总经理，一次，他要出差去跟客户谈一笔生意。在出发的前一天晚上，昭平发现文件没有备齐，立即拨通了秘书张琳的电话。电话一接通，他就劈头盖脸地训斥道："你是怎么搞的，文件都没有备齐，没有公司报表，你让我明天怎么和客户谈！"

张琳一头雾水，下班的时候自己把报表放在了总经理的桌子上，并且当时也和总经理交代了，怎么现在会没有呢？可是张琳并没有做太多的解释，只是说："实在对不起，可能是我忘记交给您了，我马上给您送过去，希望不会耽误您的谈判。"

有了报表，谈判进展得很顺利，回到公司之后昭平就没有再提起这件事，张琳也没有说什么。有一天，昭平突然问张琳："你当时确实没有把文件给我吗？”

“什么文件？”张琳疑惑地问。

“就是上次谈判时用的公司报表。”

“对不起，可能是我工作上的疏忽。”

“你不必自责，是我错怪你了。后来，我在副驾驶座上发现了它，请原谅我当时对你的态度。可是，当时你怎么不解释一下呢？”

张琳笑着说：“我觉得，当时您一定非常着急，如果我做解释，只会火上加油，于事无补。所以，我觉得解释是多余的。我不想因为推卸责任而影响了这次谈判的结果。”

昭平由衷地说了声：“谢谢！”

案例中，张琳是一个敢于承担责任的人，她以公司利益为重，获得了领导的认可。作为公司的一分子，拿着公司付给的薪水，就应该为公司分担责任。勇敢地承担责任是员工的首要任务，敢于承担责任既是为了别人，更是为了自己。

职场中，很多人没有“责任”意识：工作的时候敷衍了事，错误百出；出现了失误，将责任推到同事身上；遇到有难度的工作，就躲避拒绝……他们总是喜欢推卸责任，时刻都在想如何为自己的错误和失败开脱……其实，这种自以为聪明的举动只能害了公司、伤了自己。

洛克·菲勒曾经说过：“一个公司所缺少的并不是能力特别出众的员工，而是有强烈责任感、时刻把责任和使命记在心头的人。”如果你能够承担起自己的责任，会获得成长的机会，获得领导的信任，获得公司的重用，从而成就自己的事业。

记住：好员工都不会推卸责任。

“对工作负责就是对自己负责。”——好员工对工作负责

身在职场，就如同演员置身于舞台一样。台下的观众每时每刻都在看着你，你的一举一行都不能敷衍、懈怠。只有对自己的工作高度负责，扮演好自己的角色，才能获得观众的认可，永远保持职场中的主角位置。要想让自己成为优秀员工，就要对自己的工作负起责任！

在职场中，只有认真工作才是真正的聪明。事实证明，职场中提升最快的往往是那些工作认真负责、踏实肯干的人。

詹姆斯是个木匠，恪尽职守，工作勤奋，深得老板的信任。随着年龄的增长，詹姆斯觉得自己有点力不从心了，就对老板说：“我想退休回家，与妻子儿女共享天伦之乐。”老板非常舍不得他，再三挽留，但是他依然坚持自己的决定。最后老板答应了他的请辞，同时给他布置了最后一项任务——盖一座房子。

对于老板的安排，詹姆斯无法推辞，可是他归心似箭，心思已全然不在工作上了。盖房子的用料选择也不那么严格了，做出的活也完全低于以前的水准。老板将一切都看在眼里，却什么也没说。

很快房子就盖好了，老板将钥匙交给了詹姆斯：“这是你的房子，我送给你的礼物。”听到这里，詹姆斯愣住了，他既后悔，又羞愧。在自己的一生中，盖过的豪宅华亭不计其数，最后却为自己建了一座粗制滥造的房子。

同样一个人，既可以建造出豪宅华亭，也可以盖出粗制滥造的房子，不是因为技艺减退，而是因为他没有认真地对待自己的工作。如果你希望自己在职场中能够有杰出的表现，就必须牢记自己的责任与使命，认真负责地工作，严于律己，善始善终。

周小强对自己的工作很不满意，一次和朋友吃饭的时候，他愤愤不平地对朋友说："在我们公司，我的工资是最低的。老板从来都不拿正眼看我，如果再这样下去，我就辞职不干了。"

朋友问他："现在，你对公司的业务流程都熟悉吗？弄清公司所做的电子商务的窍门了吗？"

周小强漫不经心地回答说："没有，我懒得去钻研那些东西。"

朋友说："我觉得，你最好先静下心来，认真地对待自己的工作，把业务技巧、商业秘诀、客户特点完全搞通，之后再做决定。"

周小强听从了朋友的建议，一改往日散漫的习惯，积极地投入到了工作中。很多时候，即使公司下班了，他还会在办公室里研究商业文书的写法。

半年后，周小强和朋友又聚到了一起。朋友问他："现在，你应该学得差不多了，是不是准备炒老板'鱿鱼'了？"

周小强乐呵呵地对他的朋友说："这几个月来，老板对我刮目相看。最近更是委以重任，又是升职，又是加薪，我都快成公司里的红人了。我想留下来继续发展，不打算跳槽了。"

听了他的话，朋友笑着说："这种情况，我早就料到了。当初老板之所以不重视你，主要是因为你工作散漫、敷衍了事，觉得你不会有什么作为。现在，你的工作态度这么积极，担当的任务多了，能力也强了，老板当然会对你刮目相看了。"

对于公司来说，只有拥有优秀的员工，公司才能获得蒸蒸日上的发展。如果员工不对自己的工作负责，会使公司慢慢失去竞争力，最终退出竞争激烈的市场。只要你努力工作，认真、负责地对待每一件事情，就会受到重用，获得更多的自尊和自信。不论你的工资多低，也不管你的老板多么不器重你，只要你能认真工作，渐渐地就会赢得他人的尊重。

工作认真负责不仅是一种精神面貌，更是一个人人生观与心理状态的展现。只要你对自己充满信心，全力以赴地投入到工作中，在职场这个宽广的舞台上，你永远是唯一的主角。

认真的工作态度对于一个人来说是非常重要的。职场中，如果能够对自己的工作认真负责，就会激发出工作的积极性，对于未来的职业发展是非常有好处的。好员工都会认真对待自己的工作！

“全力以赴实现设定的目标。”——工作就是要全力以赴

> 任何一家公司都有自己的发展规划与阶段性目标，作为员工，要通过自己的努力，全力以赴帮助公司实现这一目标。在这个过程中，任何人都不可能一帆风顺，总会遇到一些问题。只要我们保持满腔热情，全身心地投入到工作中，就会轻松跨过“困难”这座高山。

有这样一个故事。

一天，一个猎人带着自己的猎狗去丛林中打猎。很快，猎人就看到了

目标——一只兔子。猎人选好位置，瞄准，扣动扳机，结果只打中了兔子的后腿。

兔子受伤后，拼命逃跑，猎狗在后面穷追不舍。可是一眨眼的工夫，兔子就不见了，猎狗只好回到猎人身边。猎人责骂猎狗："你怎么这么笨啊，连一只受伤的兔子都追不到！"猎狗听后很不服气，心想："我已经尽力而为了！"

兔子回到洞里之后，将自己的遭遇告诉了家人。家人关心地问它："猎狗非常凶，你腿上又有伤，是怎么逃脱的？"兔子回答说："它追我的时候是尽力而为，我为了活命不得不全力以赴啊。"

故事中，猎狗之所以追不上受伤的兔子，是因为它要求自己尽力而为；而兔子之所以能够在受伤的情况下摆脱猎狗的追赶，回到家人中间，是因为求生的欲望让它不得不全力以赴。这个故事虽然简短，但是却给了我们一个重要的启迪：当一个人全力以赴地去做一件事情的时候，是很容易取得成绩的，也是很容易实现自己的理想的。

不管做任何事情，要想获得好的结果，就必须全力以赴。工作中，不管做什么事，如果你都能全力以赴，不给自己留丝毫松懈的余地，即使是处于平凡底层的岗位，也能在最短的时间里获得成长和发展。

史泰龙是著名的国际明星，可是有谁想过，他曾经是一位穷困潦倒的年轻人。那时候，史泰龙身上全部的钱加起来都不够买一件像样的西服，但他依然全心全意地坚持着自己心中的梦想——做演员，拍电影，当明星。

当时，好莱坞一共有500家电影公司，史泰龙将这些公司都一一排列好了顺序，然后带着自己写的电影剧本前去一一拜访。可是，拜访完了以后，没有一家电影公司愿意聘用他。

面对百分之百的拒绝，史泰龙并没有灰心。从最后一家电影公司出来之后，他又重新从第一家开始，继续他的第二轮拜访与自我推荐。

在第二轮的拜访中，500 家电影公司依然毫无例外地拒绝了他。第三轮……结果毫无改观。史泰龙咬紧牙关，开始了他的第四轮拜访。当他来到第 351 家电影公司的时候，老板破天荒地答应他，愿意留下他的剧本先看一看。

几天后，史泰龙得到通知，请他前去详细商谈。这家公司决定投资开拍这部电影，并请史泰龙担任剧中的男主角，这部电影就是《洛奇》。

今天，很多人只看到了史泰龙成功以后的光环，却不知道他在成功之前也经历过无数次的失败；可是，每一次失败之后，他依然全力以赴。史泰龙的故事告诉我们，要想实现自己的目标，做出成绩，要想实现自己的梦想，必须全力以赴。

职场中，有些人在工作的时候抱着尽力而为的态度，一旦遇到问题，就会找各种理由为自己开脱，他们说得最多的一句话就是“我已经尽力了”，因此而原谅自己。结果，迎接他们的是一次次的失败。因为对于想要完成任务的人来说，尽力而为是远远不够的，你需要的是全力以赴。

当身边的人取得非凡的业绩、成就令人瞩目的成绩时，不要羡慕，因为你们的起点是一样的，你所缺少的只是一颗全力以赴的心。

世界第一 CEO 杰克・韦尔奇曾经说过：“干事业，实际上并不依靠过人的智慧，关键在于你能否全身心投入，并且不怕辛苦。”可见，在工作中，学历和能力并不是最重要的；如果工作的时候不能全力以赴，在未来发展中也是很难取得成绩的。

一个人能够在工作中创造出怎样的成绩，既不在于这个人的能力是否卓越，也不在于外界的环境是否优越，关键在于他是否竭尽全力。如果你做事的时候能够竭尽全力，即使从事的是一些简单平凡的工作，即使你的能力不突出，即使外界条件不是特别好，依然可以取得不平凡的成绩。

在我们身边，经常会听到人们抱怨自己的能力不够、自己的业绩不突出……其实，与其抱怨，不如静下心来想一想：自己是否真的做到了全力以赴？实际上，很多人之所以会失败，就是因为未能全力以赴。事实证明，只有全力以赴，才可能创造优秀甚至是奇迹。

“敷衍工作，最大的受害者必定是自己。”
——做事切不可应付差事

用心工作，最大的受益者是自己；敷衍工作，最大的受害者也是自己。如果你渴望自己得到提升，希望自己的薪资得到提高，就要认真对待自己的工作。一味地敷衍、马虎，是不可能取得成绩的。优秀的员工会用心做好每一件事，尽职尽责，逐渐获得价值的提升。

在一些公司和组织机关里，有些人做事的时候总是不用心，对工作能敷衍就敷衍、能应付就应付、能逃避就逃避。以这样的态度去工作，结果可想而知。当今时代，公司与公司之间的竞争越来越激烈，如果员工在工作中不用心，就有可能让整个公司蒙受巨大损失。

林涛是一家服装厂的业务员，一次为单位订购一批羊皮，很快就和供货商谈好了。在写合同的时候，合同条款本应是“每张大于4平方尺，有疤痕的不要”。可是，林涛因粗心大意，把句号写成了顿号，变成了“每张大于4平方尺、有疤痕的不要。”

供货商趁这个机会钻了空子，发来的羊皮都是小于4平方尺的。服装厂哑巴吃黄连，有苦说不出，损失可想而知。

不可否认，案例中服装厂之所以会出现巨大的损失，和林涛的工作态度是分不开的。如果签合同的时候，林涛能够认真检查一下，或许就不会出现这样的差错了。就是因为一个小小的标点符号，给公司带来了巨大的损失。

做事敷衍了事的人，不仅工作效率低，阻碍自己的发展和成长；还会给人们留下做事情不负责任、工作粗心大意的坏印象，很难获得上司的信任与重用，自然也就无法获得同事的尊重。因此，要想让自己成为优秀的员工，做事就要认真一点，少一些马虎和应付。

海尔集团为了发展整体卫浴设施的生产技术，1997年8月，公司派33岁的魏晓娥去日本学习世界先进的整体卫生间生产技术。学习期间，魏晓娥注意到，日本人试模期的废品率一般都在30% ~ 60%，设备调试正常后废品率为2%。

魏晓娥感到不可理解，问日本的技术人员：“为什么不把合格率提高到100%？”

日本人反问：“100%？你觉得可能吗？”

从对话中，魏晓娥意识到，不是日本人能力不行，而是思想上的桎梏使他们停滞于2%。作为一个海尔人，魏晓娥的标准是100%，即“要么不干，要干就要争第一”。魏晓娥拼命地利用时间学习，三个星期后，带着先进的技术知识和赶超日本人的信念回到了海尔。

魏晓娥从日本学习归国之后，便开始重点抓卫浴分厂的模具质量工作，她把 2% 放大成 100% 去认识。产品成型后，只要发现有问题，就会马上召集员工商量对策。

不管是工作日还是节假日，魏晓娥紧绷的质量之弦从来都没有放松过。在试模的前一天，魏晓娥在原料中发现了一根头发，便立刻给操作工统一制作了白衣和白帽，而且要求大家统一剪短发。

就这样，在魏晓娥的努力下，2％的可能被一一杜绝，产品合格率做到了 100％。

不可否认，海尔的成功离不开像魏晓娥这样的人。为了让自己的产品以质量取胜，魏晓娥严格要求自己，力争 100% 的合格率。正是因为有了这种不敷衍、认真工作的态度，才有了海尔今天的成绩。在工作中，如果我们都能够像魏晓娥这样用心认真，也一定能够成为第二个“魏晓娥”。只要用心去做，我们也可以做得更好。

在一家世界 500 强的公司大楼里雕刻着这样一句格言：“在此，一切都追求尽善尽美。”这句话，其实揭示了每个人的工作态度。不管从事的工作多么枯燥、多么单调、多么细微，都要竭尽全力，用心去做，以求尽善尽美。

一位哲学家曾经说过：“不管你手边有什么工作，都要用心去做。这样，每天你才会取得一定的进步。”有些人之所以失败，最主要的原因就是养成了敷衍了事的习惯，成功的最好方法就是把事情做得精益求精、尽善尽美，让自己经手的每一件事都贴上“卓越”的标签。

用心工作的员工是公司的财富，也是公司真正需要的人。只有认真工作的人，才能做到称职；只有用心工作的人，才能达到优秀。

用心工作，既是一种工作态度，更是一种工作方法和工作哲学。平凡者和优秀者的差别，其实只有一点，那就是工作上要用心一点，再用心一点。相信只要全力以赴，每个人都能在工作中做得出色，都能成为公司最优秀的员工！

“主动工作。”——有责任心的人工作不被动

一个对工作有高标准的员工，会自动自发地做事，即使面对缺乏挑战或毫无乐趣的工作，仍然能够积极主动地完成，继而得到公司的肯定和器重，获得最好的发展机会。作为员工，要想获得最高的成就，就要永远保持主动率先的精神，将自己的热情和智慧投入到工作中。

成功的机会不会白白降临到你的身上，只有那些主动做事、主动工作的人才能获得更多的机会。那些用鞭子抽着、用脚踢着才工作的人，不仅不能得到领导的赏识和提升，甚至随时都可能处在失业的边缘。

一天，三个年轻人到一家建筑公司应聘。经过笔试和面试之后，三个人从众多的求职者中脱颖而出。为了从三个人中选出最适合的人选，人力资源部经理将三个人带到了一处工地上。

这是一处正在施工的工地，工人们正在热火朝天地工作着，不远处堆放着几堆乱七八糟的砖瓦。经理指着这些砖瓦，对他们说：“每人负责一堆，将那些砖瓦码放整齐。”在三人疑惑的目光中，经理便离开了。

第一个人说：“我们不是被录取了吗？为什么要把我们带到这里？”

第二个人说："经理是不是搞错了，我可不是来干这个的。"

第三个人说："别说了，既然让我们干，就开始干吧。"说完，他就开始干了起来，其他两个人只好跟着干。可是还没完成一半，这两个人就慢了下来："经理已经走了，我们还是歇会儿吧。"可是，第三个人依然在继续干着。

这样，等到经理回来的时候，第三个人还有十几块就全码齐了，另外两个人还没有完成一半。经理看了看说："时间到了，先下班吧，下午接着干。"

前两个人如释重负地扔掉手里的砖，而第三个人却坚持把最后十几块码齐了。回到公司，经理郑重地对他们说："这次公司只聘用一人，刚才是最后一场考试。"

三个人面面相觑，经理向第三个人伸出了手，说："恭喜你，你被录用了！"

案例中，为了考核三个人，人事部经理给他们设置了一道超出常规的题目——摆放砖瓦。面对这样的题目，前两个人不屑一顾，甚至还有些愤愤不平，因为他们认为"这根本就不是我们的工作"。可是，第三个人却不声不响地将这份工作做好了。结果，第三个人得到了聘用。为什么？根本原因就在于他积极主动的工作态度。

有主动精神的员工，一般都有独立思考的能力。他们有别于那些像机器一样的员工，不会按别人的吩咐机械地完成工作，而是发挥创意，出色地完成任务。

大学毕业之后，小严和张炬同时受雇于一家小超市做采购，拿同样的薪水。可是一段时间后，小严的薪水翻了一番，而张炬却仍在原地踏步。

张炬很不满意老板的不公正对待，一天早上到老板那儿大发牢骚。老板耐心地听着他的抱怨，然后想了一下，说："张炬，你到附近的集市看看今天早上有卖什么的？"

张炬很快就回来了，他向老板汇报说："集市上只有一个农民拉了一车土豆在卖。"

老板问他："有多少？"张炬由于没有仔细看，只好又跑到集市上。回来之后，告诉老板："一共40袋土豆。"

老板又问他："多少钱一斤？"张炬只好第三次跑到集市上。

最后，老板对他说："现在，你坐到这把椅子上，一句话也不要说，看看小严是怎么做的。"

小严很快就从集市上回来了，汇报说："到现在为止只有一个农民在卖土豆，一共40袋，价格是××。土豆质量很不错，我还带回来一个给您看。而且，我把那个农民也带来了，他现在正在外面等回话呢。"

这时候，老板转向了张炬："你现在知道为什么小严的工资比你高了吧？因为他工作比你主动。"

案例中，小严和张炬的主要差别就在于：张炬只做老板告知的事，而小严却懂得主动做事。小严的做法才是我们应该学习的。

在职场中，有些人严格"遵守"老板的指令，让干什么就干什么，多一点都不会干。不可否认，听命行事固然是员工的一项基本职责，但主动工作更是许多公司所提倡的。一旦遇到自己该做的事情，就应该立刻采取行动，不用等待别人交代。

公司的生存发展依赖于员工的努力程度，优秀的、有责任心的员工都会主动去工作，尽最大的努力把工作做好；他们有着一流的执行力，能够抓住工作的重点，把工作真正落到实处，更为有效地完成某项工作或任务。

成功取决于态度。优秀的员工不仅会时刻牢记自己肩负的使命，知道自己工作的意义和责任；还会保持一种自动自发的工作态度。事实证明，那些深受领导欢迎的员工之所以会受到领导的青睐，原因之一就在于他们工作的时候能够自动自发。

任何一个人都渴望成功，没有人愿意碌碌无为过一生。作为员工，既然选择了在这个公司工作，就要发挥自己的主动性，全身心地投入到工作中。当你主动工作，通过自身的努力，不断地将难题解决掉的时候，自身的价值也就获得了增加，领导也会对你更加信赖。

要想让自己在最短的时间里做出成绩，要想实现自己的目标，就要主动工作、积极工作！

第三章 积极寻找方法，不为自己找借口

“我看中的是结果……”——讲功劳不讲苦劳

今天，很多公司都是以绩论功，以功论酬，不关注过程，只在乎结果，谁能为公司带来效益，谁就是英雄。在讲究效率和效果的现代职场中，苦劳不等于功劳，认真工作不等于业绩，效率才是第一位的。

在工作中，有一句话常常被人们提道：“没有功劳，也有苦劳。”特别是那些能力不够、对待工作没有尽力的人，经常会用这句话来安慰自己。因为他们认为，只要做了工作，不管结果怎样，就应该算是做出了成绩。其实，对结果负责，是对工作的价值负责；对任务负责，则是对工作的程序负责，完成任务并不等于获得了结果。

王建霞在一家公司做秘书，这天，领导让王建霞去买一本书。

王建霞先到了第一家书店，书店老板说：“刚卖完。”之后，王建霞又去了第二家书店，营业人员说：“已经去进货了，要隔几天才有。”很快，王建霞又去了第三家书店，可是这家书店根本没有。

快到中午了，王建霞只好回公司。见到领导后，王建霞说：“跑了三

家书店，我都快累死了，都没有，过几天我再去看看！”领导看着满头大汗的王建霞，欲言又止……

案例中，什么是任务？什么是结果？买书是任务，买到书是结果。王建霞付出了辛劳，有了苦劳，却没有功劳，因为她没有为公司提供结果。要知道，公司是靠结果生存的，如果每个人都满足于苦劳，满足于“我尽力了，结果做不到我也没办法”，公司该如何生存？

王建霞买书，跑了三家书店都没有书，这就意味着王建霞已经付出了劳动，却没有结果。其实，王建霞只要执着地要结果，就会有很多办法，比如，到网上书店查询、订购；上网查查，看看这本书是哪家出版社出的，直接向出版社订购；到图书馆查看是否有这本书，如果有，就问领导愿不愿花钱复印……

方法有很多，可是王建霞却没有这么做，因为她的脑中只有一种观念：“你安排我做这件事，我就做这件事，我只对事负责，不对结果负责。”可是，公司真正想要的不是执行，而是结果！老板看中的是结果，不是过程。如果目标没有达到，即使你付出了再多的努力都是徒劳无功的！

不管黑猫白猫，只要抓到老鼠就是好猫。要想成为一名优秀员工，看重的不应该是过程，而应该是结果。领导安排的事情没有做好，就不要为自己找任何理由，因为结果才是最重要的。

“没有苦劳，只有功劳”是现代公司的生存法则，资历不是能力，不能靠资历吃饭，否则，你的职场之路只会越走越窄。如果在工作的每一阶段总能找出更有效率、更经济的办事方法，就能不断提升自己，就有可能被委以重任，成为公司不可或缺的人。

“拿业绩来说话”不仅是公司对员工的要求，更是市场对公司的要求。市场不关心你是否忙碌，如果你取得的业绩微乎其微，给公司创造的利润少之又少，即使整天在公司里忙得团团转，也是毫无意义的。

如果你已经累得半死，但一无所获，很可能就是没有掌握提高工作效率的正确方法。要想让自己成为优秀员工，就要想办法多给公司创造价值。要相信，只要你有能力给公司创造更多的价值，老板就会相应地付给你更多的报酬，自然你也能得到理想的职位。

“因为……，所以我……”——借口越多，工作越差

找借口是一种可悲的行为，是对恶劣的工作态度和不称职的工作能力的一种掩饰。工作中没有借口，人生中没有借口，失败没有借口，成功更不属于那些寻找借口的人。借口是拖延的温床，借口的实质就是推卸责任，我们不能让借口成为自己的习惯！

一旦没有完成工作任务，向上司交不了差，有些人经常会找借口来应付上司，以为找到了借口，就可以得到上司的谅解，就可以心安理得了。其实，不管你找到的借口多么冠冕堂皇，工作任务没有完成总不是一件令人愉快的事。借口永远是借口，再美丽的借口都是“皇帝的新装”，只能是自我安慰罢了。

张霞大学毕业后，应聘到一家IT公司工作。公司的业务主要是提供网站建设服务，为其他公司提供电子商务平台产品。最近，张霞和一家小公司谈业务，可是连续两个星期已经提交了三份《网站建设框架方案》建

议书，客户依然不满意。

张霞有点不高兴了，一个小公司有啥可牛气的！一想到对方是小公司，网站建设的费用不是很高，而客户又是如此挑剔，张霞就有些不耐烦了。

这天，张霞来到了经理办公室，对经理说："这家公司也太难缠了，利润也不高，能不能放弃？"经理把张霞的建议书拿过来看了一下，发现几份建议书大同小异，只是对栏目名称做了改动。于是，就问："你和客户进行过详细交流吗？客户究竟想要什么样的？"张霞说："这些天，我一直都在忙着跟进一个大客户，还没顾上和他们沟通呢。"

经理又问："你对这家公司的平台需求进行过调研吗？"张霞敷衍说："没有。我就是按照咱们公司宣传型网站的框架来做的！"

看到张霞一直都在为自己"找借口"，经理大为恼火，他将建议书重重地摔到地上，不客气地批评道："遇到问题，不去想办法解决，老是为自己找借口，怎么能做出让客户满意的方案呢？不和对方沟通，怎么能做出令对方满意的方案呢？"

看到经理批评自己，张霞感到很委屈。她觉得自己并没有找借口，只是觉得没有必要为一个小客户浪费精力罢了。

案例中，张霞负责给客户设计网站建设方案，可是连续做了几个，对方都不满意。是对方太挑剔了吗？当然不是！因为张霞从一开始就没有将对方重视起来，一直都在抱怨对方，从来都没有从自己的身上找原因。这样的工作态度，在职场上是大忌！

工作中遇到了问题，一味地为自己找借口，只能自毁前程。一次两次，老总们或许还会忍耐，可是时间一长，当他们发现你是一个缺乏责任感的人的时候，也就不会再信任你了。任何一个老板都不可能对自己不信任的人委以重任，你还谈何发展？实践证明，要想让自己在工作中做出成绩，最明智的做法就是不为自己找借口。

不找借口，不仅是一种负责、敬业的工作精神，更是一种诚实、主动的工作态度，一种完美、积极的执行能力。要想成为优秀员工就一定要明白，工作是没有借口的，失败是没有借口的，人生是没有借口的，老板是不会为你的借口埋单的。

在管理者看来，任何借口都是苍白无力的。当出现问题时，找借口并不能掩盖已经出现的问题，这些理由不会减轻你所要承担的责任。与其挖空心思找各种理由来推卸责任，还不如积极承担责任，积极寻求解决的办法，争取把损失降到最低。

同样的一份工作，只要用心，敢于承担责任，就可以做得更好一些。当出现意外情况时，任何一个老板都希望员工能够主动站出来，多想一步，多做一点，承担起自己的职责。

我们生活在一个问题无处不在的职场环境里，每天都会面临各种各样的问题，比如：市场不景气、竞争太激烈、顾客太挑剔、领导不支持、同事不配合、制度不健全、流程不完善……如果总是找各种各样的理由为自己开脱，还谈何发展？

“还有没有更合理的方法？”——找对方法，做对事情

> 愚公精神固然值得敬仰，但如果徒劳无功，就会变得毫无意义。当今的职场是用结果来说话的，没有业绩，一切辛苦都毫无意义。因此，工作的时候要讲究方法，方法正确，事半功倍；方法错误，则事倍功半。要想提升业绩，就要想办法努力提高自己的工作效率。

很多人在工作的时候，经常会忙得晕头转向，却毫无结果和意义。为什么？因为他们不讲究工作的方法。

有一次，美国华盛顿广场杰斐逊纪念大厦的一处墙面出现了裂纹，为了保护好这幢大厦，公司专门召开了专家会议进行专门研讨。

开始的时候，大家一致认为，建筑物表面之所以会受到损害，根本原因就在于具有侵蚀性质的酸雨，专家们甚至还设计了几套复杂的维护方案，大家纷纷忙碌起来。结果表明，要想对墙体做好维护，公司每年都要拿出上百万美元。

这天，一个员工走进了领导的办公室，说："这几天大家都在为墙壁上的裂纹忙碌着，可是通过观察我发现，墙面之所以会出现裂缝，最直接的原因是冲洗墙壁所用的清洁剂，这种清洁剂可以侵蚀建筑物。"听到他的意见，领导觉得很可笑。

可是，这名员工依然坚持自己的意见："其实根本就不需要这样大费周章，如果你们能听听我的意见，可以为公司省下一大笔费用。"领导没有办法，只好再一次召开了专家会议。

会议上，专家和员工有这样一番对话：

员工："公司为什么每天要冲洗墙壁呢？"专家："因为墙壁上每天都有大量的鸟粪。"

员工："为什么会有那么多鸟粪呢？"专家："因为大厦周围有很多燕子。"

员工："为什么会有那么多燕子呢？"专家："因为墙上有很多燕子爱吃的蜘蛛。"

员工："为什么会有那么多蜘蛛呢？"专家："因为大厦四周有蜘蛛喜欢吃的飞虫。"

员工：“为什么有这么多飞虫呢？”专家：“因为窗户开着，阳光充足，飞虫聚集在此，超常繁殖……”

员工：“由此，我认为，只要将靠近墙面的窗帘拉上，所有的问题就可以迎刃而解。”

专家们茅塞顿开，领导也接受了这名员工的建议，果然取得了理想的效果！

案例中，为了解决墙壁裂纹的问题，专家们纷纷拿出了自己的解决办法，可是最终却否定了自己。为什么？因为他们发现，这名员工的建议似乎更合理、更可行。事实证明，他们的决定是正确的。因为，按照这名员工的建议，不仅取得了理想的效果，还给公司节省了不小的开支。

只要拉上窗帘就能节省每年几百万美元的维修费用，由此可见，采用正确的方法做事是多么的重要。同样一件事情，处理的方法有很多种，只有找到正确的方法，才能取得理想的效果。在处理问题时，如果能从看似不相干的事物中找出必然的联系，找到正确的方法，往往能够收到事半功倍的功效。

每隔十几天，农夫都要对自己的马厩进行一次全方位的打扫。这天，农夫打扫完马厩时发现自己的一块怀表不见了。这块怀表是他老婆送给他的，对他来说十分珍贵，农夫立刻寻找起来。可是，他将马厩翻了个底朝天也没有找到。

农夫抬起头，一群孩子正好路过这里。农夫走出马厩，对孩子们说：“我的怀表丢在这个马厩里了，如果谁能帮我找到怀表，我就赏他5毛钱。”

听说有钱可赚，孩子们便一窝蜂地跑进了马厩。可是，很快大家就垂头丧气地出来了，农夫感到非常失望。这时，个头最矮的一个小孩说："我能再去找一次吗？"农夫答应了。很快，小孩就拿着那块怀表走出了马厩！

农夫感到十分惊讶："你是怎么找到的？"小孩回答说："我进去之后，坐在地上，静静地听，不一会儿就听到了滴答声，顺着声音我就找到了它。"

案例中的小男孩只是简单地改变了一下寻找的方法，就轻松找到了怀表。这再一次说明了选对方法的重要性！同理，在着手开始工作之前，试着换一个思路，找到切实可行的方法，说不定就会取得意想不到的效果。如果一味地墨守成规，用老办法来解决问题，就会让自己卡在传统思维的死胡同里，如何能进步？

选择正确的方法，才能提高做事的效率。埋头做好领导交代的事情本无可厚非，可是要想让自己在最短的时间里迅速攀到职业的"顶峰"，就要学会巧妙做事。如果你付出的汗水并不比别人少，但成绩却没有别人好，就要在方法技巧上下一番工夫了。

苦干，指的是一种工作精神，吃苦耐劳、敢于挑战；巧干，指的是一种工作方法，一种分析判断、发现问题和解决问题的能力，更是充满活力、随机应变的智慧。工作中，没有一成不变的工作方法，面对同样的一份工作，要因时因地制宜，做出不同的决策；要自觉运用科学合理的方法解决问题。

找对方法才是职场成功的捷径，工作中，找对方法至关重要。

“等有空了，我就去做。”——借口是拖延的温床

拖延的背后是人性的惰性，借口是培育惰性的温床。对付拖延最好的办法就是根本不让借口出现，没有任何借口地按时完成任务。一旦出现积极的想法，就要马上行动，不要给借口留下可乘之机。

职场中，每当要付出劳动，或要作出抉择时，有些人总会为自己找出一些借口来安慰自己，总想让自己过得轻松些、舒服些。可是要知道，不论你们用多少方法来逃避责任，该做的事，还是得做。

小丽在一家图书公司做编辑，主要负责内文的编撰。按照规定，每个编辑都要完成一本书的写作；如果前面自己写过的书出现问题，还要负责修改。可是，小丽每次都是先写新书，对于需要修改的问题，经常都是一拖再拖。因为，她知道，如果不完成工作任务，工资会受到影响，而修改是不会和工资挂钩的。

这天，审校处的小刘将一本稿子递到了小丽面前：“这里有几个问题，需要核实一下。你看看，改好后尽快给我，拜托！”小丽看了一眼放在桌上的纸稿，说：“这本书都开始审校了才发现问题，前段时间怎么没发现？如果是电子稿就好了，多省事！”

小刘解释说：“这次我们没有审核电子稿，直接在纸稿上修改！”小丽没好气地说：“放在我这儿吧！抽时间我改！”

小刘走了之后，小丽根本就没有将这件事放在心上。两天之后，小刘出现在了小丽面前：“怎么样？改好了吗？”小丽说：“前两天没时间，等我弄好了就给你！”

小刘走了之后，小丽又把这件事放到了一边。直到小刘又一次出现在她面前的时候，她才发现原来自己还有事情没有做：“等我有空了，一定改！”

为了不影响工作进度，小刘没有办法，只好将这件事告诉了部门经理。第二天，经理就将小丽叫到了办公室：“这本稿子都拖了一个多星期了，怎么还不改？这本书是你负责撰稿的，出了问题不找你找谁？你这样推来推去，什么意思？现在把稿子拿回去，立刻改！”

案例中，小丽为了拖延时间，一次次地给自己找借口。其实，只要她抓紧时间，问题很容易得到解决，可是她却没有这样做！毫无疑问，这是“借口”在作怪。出现问题，及时解决，不给自己找借口，自然也就不会拖延了！

其实，在我们身边，类似小丽的员工有很多：有些员工，今天该做的事拖到明天完成，现在该打的电话等到一两个小时后才打，这个月该完成的报表拖到下一个月，这个季度该达到的进度要等到下一个季度……这种做法是要不得的。毫无疑问，这样的员工肯定是不努力工作的员工；至少，是没有良好工作态度的员工。他们找出种种借口来蒙混公司，来欺骗管理者，就是不负责任的人。

借口，是拖延的理由、失败的温床、无能的标志。狐狸够不着树上的葡萄，只能说“葡萄是酸的”；阿Q打不赢别人，只能沉迷于虚幻的“精神胜利”。战场上，借口就是无情的子弹，如果贻误了战机，就会饮弹亡命；商场上，借口就是钱包的漏洞，错过商机就会钱财尽失。在我们的工作中，借口就是消极颓废的催化剂。

凡事都留待明天处理的态度就是拖延，这是一种很坏的工作习惯。拖延是一种相当累人的折磨，随着完成期限的迫近，工作的压力反而会越来越大，这会让人觉得更加疲倦不堪。

商场就是战场，工作就如同战斗。要想在职场上立于不败之地，就必须拥有一支高效的、能战斗的团队。任何一个管理者都知道，对那些做事拖沓的人，是不可能抱以太高的期望的。

“失败了，从头再来！”——不为失败找借口

工作中，失败了就失败了，要从自身找原因，提醒自己下次不要重蹈覆辙。一犯错或遭遇失败就为自己找这样那样的借口，不仅对自己的进步没有任何帮助，还会与成功背道而驰。成功永远属于那些善于找方法的人，而不是善于找借口的人。

不找借口是一个员工的必备素质。有些人失败了，就会为自己找种种借口，对自己和他人解释：为什么无法再做下去，为什么无法成功？其实，这个借口就是他无法成功的真正原因。如果经常为自己的失败找借口，只能让自己一事无成。

一次，比尔·盖茨为洛克菲勒引荐了一位大学教授。这位教授在一次旅行中不幸失去了一只手臂，但他依然喜欢微笑，乐于帮助别人。那天，在谈到他的残障问题时，大学教授告诉洛克菲勒：“那只是一只手臂而已，

当然，两个总比一个好。但是，失去的只是我的手臂，我的心灵还是100%完整正常。”

不管你从事什么工作，不管你处于社会哪个阶层，只要不为失败找借口，就会在你的人生道路上不断出现亮丽的风景。

成功是一种态度，整天找借口的人是不会获得成功的。遇到失败的时候，你可以悲伤、沮丧、失望、牢骚满腹，可以为自己的失意找到成千上万个借口，可是却不能获得幸福感。职场中，如果想凭借自己的努力走向成功，就不能总把失败归于别人或外在的条件。

汤姆从一家银行辞职之后，受聘于一家汽车公司。工作了6个月之后，他想试试是否有提升的机会，就直接给老板写了一封自荐信。

很快，汤姆就收到了老板的答复：“任命你负责监督新厂机器设备的安装工作，但不保证加薪。”

在这之前，汤姆没有受过任何工程方面的培训，根本看不懂图纸。但是，他不愿意放弃任何机会，不想承认自己失败。于是，他发挥自己的领导才能，自己花钱找到一些专业技术人员完成了安装工作，并且提前了一个星期。结果，他不仅获得了提升，薪水也增加了10倍。

“我知道你看不懂图纸，”老板后来对他说，“如果你随便找一个理由推掉这项工作，我会让你走。我最欣赏你这种工作不找任何借口的人！”

案例中，遇到问题的时候，汤姆没有给自己找借口，而是积极寻求问题的解决办法。事实证明，他的这种工作态度是正确的——不仅职位获得了提升，薪资也增加了10倍。

成功的人永远在寻找方法，失败的人永远在寻找借口。一旦找到了借口，他就不会殚精竭虑地去寻找方法了，因此是很难成功的。在职场中，老板最痛恨的就是遇到问题喜欢找借口的员工。如果你是老板，给员工布置了一项任务，员工不仅没有完成，反倒为自己找了一大堆借口，你会作何感想？

工作中，我们对待问题的态度往往决定了能否解决问题以及解决问题的顺利程度。人与问题的关系，类似猎手与猎物的关系：不是你消灭它，就是它消灭你。如果对问题心存畏惧，一味地找借口逃避，那么你只能成为“问题”的“猎物”；只有直面问题，查出问题的根源，寻找方法，彻底解决问题，才能成为“问题”的“猎手”。

优秀员工遇到问题和困难时，总能够主动找方法解决，他们不会找借口逃避责任，更不会找理由为失败辩解；他们富有开拓和创新精神，绝不会在没有努力的情况下，事先找好借口；他们会想尽一切方法完成老板交给自己的任务，即使遇到了困难，也会创造条件；即使希望再渺茫，他们也能找出许多方法解决。

失败之后不为自己找借口，吸取教训重新再来，可以让你在职场中脱颖而出，为你争取到更大的发展空间。当工作中出现问题和困难的时候，不要抱怨自己运气不好，要想方设法戒掉爱找借口的坏习惯，战胜内心的懦弱、拖延、懒惰，不要让自己的思想和行动囿于那些借口之中。

老板让你坐在某个职位上，是为了解决问题，而不是听你对困难的分析。不管是失败了，还是做错了，即使你的借口说得再冠冕堂皇，对于事情的解决也是一点意义都没有的。失败了，可以从头再来；遇到问题，积极想办法，这是任何一个成功者都须秉承的理念。要想在职场中做出非凡的成绩，就不要怕失败，在哪里跌倒，就从哪里爬起来！

第四章　做事不空谈，拥有实干精神

“我每天下班之后，都会和客户见面。”
——业绩是干出来的

不论在什么时代、什么潮流和什么思想下，勤奋永远是受人尊崇的职业品质。对职场来说，只有秉承勤奋努力的态度才能做出更多的成就；只有勤勤恳恳、扎扎实实地勤奋工作，才能把自己的才能和潜力全部发挥出来，才能在短时间内让自己的价值最大化。

在职场中，并不是所有人都站在同一条起跑线上，有的人学习能力强，基础好；有的人基础知识薄弱，个人能力逊色。那么，如何才能在职场中胜出，唯一的方法只有两个字：“勤奋”。

李乐是一家建筑工程公司的执行副总，可是在几年前，他还是公司的一名送水工。

刚进入这家公司的时候，李乐只是一名最底层的送水工。当时，和他一起工作的还有两个人，每天负责给建筑队送水。由于这份工作比较辛苦，而且工资比较低，休息的时候，另外的两个人不是抱怨工资太少，就是躺在墙脚抽烟。

李乐却不是这样。每天，李乐不仅会热心地给每个工人倒满水，还会在工人休息时缠住他们讲解关于建筑的各项工作。很快，勤奋好学的李乐就引起了队长的注意。两个星期后，李乐当上了计时员。

当上计时员后，李乐依然勤勤恳恳地工作，他总是早上第一个来，晚上最后一个离开。由于李乐对所有的建筑工作，比如打地基、垒砖、刷泥浆等都非常熟悉，当建筑队的负责人不在时，工人们总喜欢问他。

一次，老板来建筑队考察工作时，发现了一个特殊的警示灯。打听之后，他发现，这盏灯是李乐设计的。老板将李乐叫过来，问他为什么要这样做。李乐说："我发现施工时没有足够的警示灯，我就把旧的红色法兰绒撕开包在日光灯上，替代危险警示灯。"

老板听了他的解释，笑了笑，问他："难得你这样积极肯干，做我的助理好不好？"李乐当然愿意了，从那以后，李乐工作更卖力了。

现在，李乐已经成了公司的副总，但他依然特别专注于工作，勤勤恳恳，任劳任怨。他不仅鼓励大家一起学习，还经常会拟计划、画草图，向大家提出各种好的建议。

不可否认，李乐并没有什么惊世骇俗的才华，他只是一个贫苦的孩子，一个普普通通的送水工，但是他凭着勤奋工作的美德，幸运地被赏识，并一步步成长起来。没有什么比这样的故事更让人心灵震撼了，也没什么比这样的故事更能洗涤我们的心灵了。

常言道："一分耕耘，一分收获。"只有付出了辛勤的劳动，才会有丰硕的成果，不劳而获的事情从来就是不存在的。勤奋工作既是一种能力和克己的训练，也是创造辉煌成就的前提。事实证明，只有勤奋才能做好工作，才能使你在职场上做出成绩，直至成功。

在日本寿险业，有一个声名显赫的人物，这个人就是原一平。原一平身高不足1.6米，相貌普通，开始推销保险的时候，由于没有给客户留下好印象，因此业绩很不理想。

原一平知道自己的劣势在哪里，决定用勤奋来弥补。为了实现争第一的梦想，原一平全力以赴地工作。他是这样安排自己一天的工作的：早晨五点钟睁开眼后，他就开始查看今天需要拜访的客户资料；八点往客户公司打电话，最后确定访问时间；八点半前他已经在去拜访客户的路上了；下午六点，下班回家；晚上八点后，总结一天拜访客户的情况，找出最有可能成交的潜在客户。

原一平时刻都提醒自己：“星期一到星期五保持竞争力不落人后，星期六与星期日拿来超越他人。”当别人休息的时候，他还会约见客户；只要客户允许，周六、周日他一定会出现在客户面前。

就是靠着这样的勤奋，让原一平摘取了日本保险业的销售之王的桂冠。

原一平的故事再一次告诉我们，在职场中，取得成绩的往往不是那些具有天赋的人，而是资历一般却勤奋踏实的人。一个成功的销售代表一定会多拜访几个客户，一个富有经验的设备工程师一定会花更多的时间对相关的技术资料进行研究……我们并不否定天赋和资历所具备的优势，但是一个人拥有的财富积蓄总有一天会消耗殆尽。只有勤奋，才能让我们不断积累新的资历。

勤奋工作，能激活人内在的激情，是一种永不过时的职业精神。命运掌握在勤恳工作的人的手上，所谓成功正是这些人的智慧和勤劳的结果。即使你的智力比别人稍微差一些，你的实干也会在日积月累中弥补这个弱势。

其实，任何一个人都有惰性，只是每个人“惰”的程度不同而已。我们要有意识地规避惰性，去激发自己的积极性。要想在这个人才辈出的时代走出一条完美的职业轨迹，唯有依靠勤奋的美德。只有勤奋努力的人，才能把自己的事业带入成功的轨道。这是从古至今亘古不变的真理，也是永不过时的恒久精神。

越在当今激烈竞争的时代，越是先进的、高尖的技术行业，越需要这种勤奋努力的精神。要想成为一名优秀员工，就要比别人付出更多。事实证明，一个人获得的任何东西都是他事先付出的回报。付出时越是慷慨，得到的回报就越丰厚，这是公平的游戏规则。

身为公司的一员，只有舍得多下工夫，比别人付出更多的辛苦劳动，为公司或部门多做成绩，才能得到上司的嘉奖和赞扬，才有机会得到更多的提升，才能进一步实现自己的梦想。

“快工作吧，说这么多干吗？”——避免夸夸其谈

喜欢夸夸其谈的人，一般都是浮躁的、不踏实的。任何一个有真才实学且目光远大的人是绝不会说一些不切实际的话的。而且，事实证明，喜欢夸夸其谈的人，很多时候都会聪明反被聪明误。这样的人，也是公司裁员时首先会考虑的人。

在激烈的职场竞争中，只有不断提高自己的生存技能，才能立于不败之地；夸夸其谈是人们最讨厌的！

孙梅在中关村一家计算机公司做高级程序员。一次，老板交给她一项难度很大的任务，对她说：“这件事难度有点大，你敢不敢承担，敢不敢接受挑战？”

虽然孙梅了解自己的实力，可是一想到老板主动找自己征求意见，说明老板器重自己，所以一咬牙就接受了。结果，孙梅没能按时完成任务。

因为这个事情，孙梅遭到了老板的批评，并受到了经济处罚。孙梅感到非常委屈，也很气愤，不是和这个同事说：“任务这么艰巨，做不完本是预料中的事。我那么努力，没做完也不该算是工作失误。”就是和那个同事说：“老板真过分，这么短的时间里，让我干那么难的活儿，我说做不了，可他非让我做，没做完还罚我。”

后来，只要一有时间，孙梅就会在背后说这件事，甚至还添油加醋。有个同事看不惯，就提醒她：“快工作吧，说这么多干吗！”孙梅却不以为然。

有一天，老板将她叫到办公室，说，“这里我是老板，下属只有服从。我不养白吃饭的人，适应不了就走人。”孙梅知道自己已经给老板留下了坏印象，在公司待不下去了。

职场中，像孙梅一样的员工有很多，他们总是喜欢到处充当“无所不知”先生，每当人们谈起一个有兴趣的问题时，就会钻出来，信口接过话头后捕风捉影地夸夸其谈，即使驴唇不对马嘴也毫不脸红。结果，只能弄巧成拙。

这些人之所以要这样做，目的无非是想让大家瞧得起自己，抬高自己，得到大家的尊重。而实际情况却往往事与愿违，身价反而会因为自己的夸夸其谈而降低。

雅丽在一家事业单位上班，和晓芳、小陈、老李在同一个办公室。

上司的办公室在另外一边，他经常会有事没事地到雅丽的办公室巡视一番。

有一次，上司要出去开会，于是就将一些工作交给雅丽她们来处理："我要出去开个会，估计下午才能回来。这点工作，一定要在下班之前完成。"

雅丽她们表面上应和着，可是上司前脚刚一离开，她们就玩起了扑克。一边打牌，还一边聊起了上司。

晓芳是第一个开始说的："咱们头儿婆婆妈妈的，一项任务要吩咐好几遍，烦死人了。"小陈最喜欢说自己的上司，她接过晓芳的话，说："可不是嘛，还不如老娘们儿呢。"老李也不甘示弱："咱们要理解领导，你不知道，领导的更年期到了。哈哈。"雅丽接了一句："以后别叫他领导了，叫他更年期得了。"

……

雅丽的位置正好背对着办公室门口，正在哈哈大笑的时候，坐在对面的晓芳脸色突然变了。她回过头一看，上司正站在门口，脸色阴沉地瞪着她们几个。

四个人感到无地自容。不仅当场被上司抓到打牌，闲话也被他听到了。上司走进办公室取了文件，愤愤地拂袖而去。没过多长时间，雅丽就因为一个小失误，被上司寻了个借口给辞退了。

职场中，在闲暇或者午餐的时候，很多员工都喜欢讨论上司的八卦。要知道，如果像案例中雅丽她们这样不小心，一旦议论的内容传到上司的耳朵里，那就麻烦了。

在背地里议论上司，对方会觉得你是一个有心机的人；在上司面前毕恭毕敬，背地里却大肆讲上司的八卦，这种两面三刀的人，上司怎么会喜欢？

雨果曾经说过：“当一个人是一个真正的人的时候，他就应当与大言不惭和矫揉造作之间保持等距离，既不夸夸其谈，也不扭捏取宠。”当前社会竞争异常激烈，每个人都希望自己能高人一等，都希望别人能佩服和信任自己，可这些都应该依赖于真才实学。即使有真本领，为人处世也应该注意自己的言谈举止，在表现自己能力的同时，学会尊重别人，保持一个谦逊的风格。否则，故意夸大事实，说话添油加醋，只能招惹大家的厌烦。

天下大事必做于细，古今事业必成于实！虽然每个人的岗位不同，分工各有不同，但只要埋头苦干、兢兢业业，就能干出一番事业。好高骛远、作风浮夸，只能一事无成。因此，职场人一定要发扬严谨务实、勤勉刻苦的精神，克服夸夸其谈、评头论足的弊病，真正静下心来，从小事做起，从点滴做起，养成脚踏实地、埋头苦干的良好习惯。

“不要让自己成为怨妇……”——拒绝抱怨

职场中，遇到不如意的时候，任何人都免不了发一点牢骚。不可否认，偶尔的牢骚和倾诉是可以理解的，甚至也是有益健康的。可是，如果养成了随时随地抱怨的习惯，就会给自己的职场之路设置很多障碍，让自己陷入“越抱怨越倒霉，越倒霉越抱怨”的恶性循环中。

在办公室里，经常会听到这样的抱怨：“都是老员工了，还干这种杂七杂八的小事，真是倒霉啊！”“为什么我总能碰见这种不通情理的老板？”“只知道加班、没奖金、福利低、管理不善、氛围糟糕……”对于职场中的抱怨，我们一点也不陌生，可是这样的抱怨值得吗？能改变自己的命运吗？

李峰在一家公司做网络维护，这几天不知道怎么搞的，总觉得心里烦闷得不行。可是，他不敢在办公室里当着同事的面抱怨，因为担心被上司听到。

李峰悄悄打开自己的网络聊天工具，开始对网友们倾诉自己的“不幸遭遇”：怎么什么事情都要我来干？李莉请了病假，经理却让我来替她值夜班；那个“难缠”的推销员又来了，要我去回绝；一位客户气势汹汹地来提意见，要我去接待……别人解决不了的问题都来找我。为什么倒霉的总是我？！

很快，一些网友都开始“支持”他，都开始抱怨各自在公司中的“不幸遭遇”。可是一位网友却劝慰他说：“嘿，想开点儿！不要让自己成为怨妇，能者多劳嘛！这说明你有本事，领导重视你，干得多，提升的机会也就多啊！”

可是，这番话并没有化解李峰心里的“疙瘩”，他依然抱怨道：“他们让我干的，都是些吃力不讨好的小事。你们不知道，在我们公司，只有会拍马屁的人才有加薪和提升的机会。总之，我真是倒霉透了！”

本以为发泄完之后，心里能够好受一些。可是，发泄完了，该干的活还得干，该面对的“烦人”还得面对……李峰的情绪却丝毫不见好转。

如果你遇到了李峰这样的情况，你会如何面对呢？你会不会像他那样没完没了地抱怨呢？其实，当我们投身职场之后，首先就要明白这样一个事实：工作，不是度假。如果工作不辛苦、不麻烦，那就不是“工作”。要想通过工作获得收入、获得自信、获得通向成功的途径，就要付出代价，比如，辛劳、无助以及不可避免的挫折……

如果在工作中总是抱怨不休，这说明你还没有适应最基本的职场生活——不论你的资历有多高、学历有多高，不论你有多大的能耐、有多少职场阅历。

在职场里，没人喜欢听同事喋喋不休的抱怨，也没人愿意承认自己在抱怨。爱抱怨的人，早晚会成为办公室里的“边缘人”。相反，只有那些在办公室里撒播阳光和快乐的人，才具有黄金般的身价。

不可否认，职场中存在的压力，会给人们带来不良情绪。如果出现了不满情绪，过于压抑反而更不利于健康，适当地宣泄才能够将压力化解掉。可是发泄过度、没完没了地抱怨，同样也是有害的：一味地抱怨只会让自己陷入负面情绪中。优秀的职场人士都会采用正确的方法来为自己减压。

阿亮在一家公司任人力资源经理，当其他员工都在喋喋不休地抱怨工作压力大时，他却给自己请了一天的假。每隔几个月，阿亮都会给自己请假一天。没人知道这一天他干什么去了，仅有几个好友知道。

其实，每次请假之后，阿亮都会坐上两个小时的火车，来到邻省的一个村子里，悠闲地坐在田埂上，看天上的白云飘来飘去。那一刻，阿亮会忘掉工作中所有的烦恼。

阿亮会在当天傍晚登上回程的火车，回到家他倒头就在床上睡一大觉。第二天，阿亮浑身上下都充满了力量，头脑里充满了创意，困扰自己多日的工作问题也都迎刃而解了。

不可否认，案例中的阿亮确实是找到了一种缓解压力的好办法。与其整天抱怨这个、责骂那个，还不如踏实地工作，不失为一种健康的减压方式。

事实证明，抱怨非但起不到减压的作用，还会让人觉得压力越来越沉重。而且，没完没了地发泄，如果不加以克制，时间长了，还会养成一种动辄责怪别人的习惯，总觉得别人都对不起自己。

在优秀员工的字典里是不会出现“抱怨”二字的。压力越大，他们的激情越高涨；困难越多，他们的心境越平和。无论处于怎样的环境下，他们都会对自己说：“我能行”，然后充满自信地奋勇前进。

存在即合理。抱怨，是一种很自然的情绪宣泄方式，不是说不可以抱怨，可是如果把抱怨当成了习惯，就会陷入抱怨不休的恶性循环之中，于事无补。世界上，没有一家公司是完美无缺的，就像没有完美的个人一样！当你遇到了压力紧迫感的时候，要逐渐提升自己来适应这个公司，只有在踏实的工作中，才会让自己逐渐变得游刃有余。

“好高骛远，做不出成绩。”——务实心态

职场中，每个人都在不同的工作环境中进行着不同的角色转换，每个角色都相应地承担着不同的职责。要脱掉不切实际、眼高手低的“外套”，对自身的能力和外部环境有个客观细致的把握；从小事做起，把小事做好、做漂亮……如此，才能不断总结提高，成就大事。

职场中，有些人对自己的能力判断过高，感觉自己好像什么都能做，直接干副总也没有问题。可是，公司招聘新员工之后一般都是从基层做起，一旦出现心理落差，有些人就会这山望着那山高。这样的工作态度，怎么

会受到领导的赏识?

李晓芳是一所名牌大学外语系的高才生，一直以来她都有一个梦想——毕业后，进入外企，拿高薪，做一个高级白领丽人；在写字楼里上班，老板有魄力，同事们衣着光鲜，薪水丰厚，双休三险，还要有年假……

可是事与愿违，经过多次应聘之后，李晓芳只好在一家刚成立半年的小公司里当了老板的助理。心高气傲的李晓芳根本就没把这家小公司放在眼里，在她眼里，这里的一切都糟透了：狭小拥挤的办公室、不修边幅的老板、不完善的管理制度、土里土气的同事……在这家公司，李晓芳还要负责类似整理文档这种小事，简单的文件也由她翻译，偶尔还要端茶递水，她实在受不了了！

李晓芳只是将这家公司当作是自己骑驴找马的阶梯，整天愁眉不展、牢骚不断，工作能拖则拖，能躲就躲。试用期很快过去了，老板认真地对李晓芳说："你确实是个人才，但我们这种小公司实在太委屈你了。对不起，请另谋高就吧。"

李晓芳当然愿意离开了。可是，清醒之后，李晓芳突然明白过来，现在就业形势这么严峻，自己没有工作经验，再找一份像样的工作也不容易……

案例中，李晓芳是个优秀的人才，她毕业于名牌大学，希望自己能够进外企。可是，理想和现实终究是有差距的，结果她只应聘到一家小公司。进入公司之后，李晓芳抱着骑驴找马的态度，不安心工作，结果试用期过后就被扫地出门了。

一些大学生特别是名牌大学的毕业生，只考虑自己的就业理想，对自身缺乏正确定位，抱着好高骛远的就业心态进入职场，以为一脚就应该踏进世界“500强”，一下子就应该进入高层管理岗位。其实，在市场经济的大环境下，人才是一种特殊的商品，要以自身条件为前提，合理地选择对方。如果对自己的估计过高，盲目择业，只会被职场淘汰。

在一个高级住宅小区，有个看电梯的年轻女孩。她工作勤勉，受到了各单元住户的一致好评。可是，由于她长得很像国内的一位演员，招来很多议论。乘坐电梯时，有些人总会有意无意地说起她像女演员之事，说得多了，女孩便不做声了。

一天，下班高峰时间，挤在电梯里的人们又开始谈论起这件事情，有人说：“真的，你长得太像××演员了，为什么不去试试演电影呢？”“是啊！当演员多好啊，又能出名，又能挣钱！”“你长着一张明星脸，不用太可惜了。”言外之意，看电梯太委屈她了。

大家七嘴八舌地议论着，最后姑娘终于忍不住了，她说：“你们说的那位演员我知道，她至多是个三流演员，而我却是一名一流的电梯工。”

小女孩的语言铿锵有力，电梯里顿时安静下来。从那以后，再也没有人议论这件事了。

案例中的小女孩，本来长着一张明星脸，可是她却踏实地干着自己的工作，没有丝毫的懈怠。这种务实的工作态度是每个职场人都应该学习的！

高估自己的能力，不切实际、眼高手低，总想着干大事，不屑于做小事，给他们安排一些工作非常不情愿，做起来就敷衍塞责，怎么能委以重任？成功不但需要理想，还需要脚踏实地。只有静下心来，从最简单的事情做起，多看、多问、多做，才能把短暂的热情变成持久的耐心，才能把“眼高手低”改造成“技压群雄”。如果眼高手低，不从实际出发，整天都沉浸在宏伟的梦想里，习惯于好高骛远，是很难做出成绩的。

不可否认，年轻人喜欢幻想。可是如果脱离了现实，好高骛远、眼高手低……不仅会给自己带来很多麻烦，还会让自己的职场之路走得不顺畅。漫步云端的感觉固然不错，可是梦醒时分从云上跌落得粉身碎骨的时候，会让你追悔莫及。身在职场的你一定要明白，好高骛远做不出成绩，只有秉承务实肯干的工作态度，才能让自己的职场之花盛开！

“成绩是做出来的，不是说出来的。”——少说多做

少说话多做事是一种处世哲学，作为员工要不断提高自我意识，要看淡功利。做事情的时候，不要太重于功利，要凭着自己的本心去做，去做自己喜欢的事情。这样，无用的废话自然少，做有用的事情自然多，也就容易获得业绩。

有这样一个故事。

有个农夫，养了一头牛和一只鹦鹉。老牛每天都要去地里干活，勤勤恳恳，任劳任怨；而鹦鹉什么也不用做，只要在每天农夫回来的时候，说一些好听的话，哄农夫开心就可以了。

一次，老牛从田里干活归来，刚一进院，便躺在了地上，累得站不起来了。

鹦鹉见它汗流浃背，气喘吁吁，感慨地说：“老牛呀，你这样吃苦受累，可主人说你干活慢、有牛脾气，你呀，真是出力不讨好！你再看看我，

不仅不用干活，还让主人伺候着。主人还经常表扬我，说我会说话、会学舌、太可爱了，你说我是不是比你聪明得多？”

老牛说：“我知道自己傻，但我相信主人不傻，靠说漂亮话只能得宠一时，不能永远得宠。”鹦鹉不以为然地想：“它肯定是嫉妒我呢。”

一天夜里，农夫家里来了一伙强盗，抓住了农夫。如果农夫不交出一件值钱的东西，他们就杀死他。鹦鹉看在眼里，心想：“农夫最不喜欢老牛了，他肯定会把老牛交给强盗的。”

可是没想到的是，农夫却将鹦鹉交给了强盗。鹦鹉不服气，就问农夫：“你为什么不把牛交给强盗呀？”农夫说：“没有牛就不能耕田，我就得挨饿，甚至被饿死；而没有你，我只不过是少听一些漂亮话而已，无关紧要。”

俗话说得好：“多说无益。”职场中，讲太多的废话是没有用的，需要老实做事。在工作中，少说漂亮话，多做事情才是最重要的。只有一步一个脚印，实实在在地工作，才能使自己更加充实，才能给自己带来更多的机遇，取得事业上的成就。

李戈大学毕业后，进入一家汽车销售公司工作。与李戈同在一个部门的还有另外三位年轻靓丽的女孩，与她们相比，李戈年龄最小，不但没有工作经历，为人处世也没有任何经验。

俗话说：“三个女人一台戏。”李戈的加入让这台戏更加热闹。四个女孩每天一起吃午饭，一起下班，一起购物，李戈觉得自己处在一个温暖的小团体里。可是，李戈很快就发现，在一团和气的背后隐藏着一些微妙的矛盾。

一次，周梅单独约李戈吃饭，对她说：“郭婷这个人表面嘻嘻哈哈的，其实她特别喜欢给领导打小报告，可不能跟她走得太近了。”李戈听了非常吃惊，于是便提防起郭婷来。

几天之后，马玲和李戈去泡吧，喝了几杯酒之后，马玲对李戈说起了自己求学中的坎坷经历，李戈觉得对方很信任自己，非常感动，就对马玲谈起了周梅对她说的秘密：“这个秘密是我听周梅说的，你可不要告诉别人啊。因为我们关系好，我才告诉你的。”

可是，没过几天，李戈就被经理找去谈话了。理由是李戈在公司散布谣言，不但影响了上下级关系，还影响了团队关系。李戈从办公室出来，看到了马玲、周梅、郭婷三个人依然在办公室里有说有笑……

相信职场中，很多人都像李戈一样，习惯性地想到什么就说什么，很少会仔细认真地去想一想所说的话是否合理。进入职场，每个人都要注意自己的言行，千万不要搞小圈子，成为谣言的传播者。

有人说，少说多做岂不是吃亏了？其实，少说多做才是真正的智慧。上帝在造人的时候，只给了人一张嘴，却给了人两只耳朵，就是让人们少说多听，从对方的言谈中收获更多的信息，才能有利于相互的沟通与了解。

1. 多做一些

可以多做一些对自己和别人都有意义的事，比如：同事没有完成任务，可以帮他一下；上司需要人手帮助，要主动地提供帮助；即使不是自己的工作范畴，在没人做的情况下也要主动去做。当然，这里的“多做一些”是做一些自己力所能及的事，千万不要好高骛远，弄巧成拙。

要想多做事情，就要做到“三勤”，即眼勤、腿勤、手勤。

（1）眼勤。多观察别人的言外之意，提高发现问题及处理问题的能力。

（2）腿勤。办事不拖沓，要有紧迫感，别人需要你帮助的事要尽快办完。

（3）手勤。动手要快，懂得领会别人的意图。

2. 主动做

积极主动是成功的必备因素之一，不论是为别人还是为自己，都要学会主动做事。做事的时候，既不要计较别人怎么说和说什么，也不要看别人怎么想和怎么看待自己。自己活得是否精彩，和别人的评论、看法没有任何关系。只要觉得，自己所做的事情是对的，对集体和大家都是有利的，就要主动去做。

第五章　不墨守成规，勇于创新

“其实，只要改变一下电风扇的颜色就可以了。”——创新意识

创新，是员工超越自我、突破平庸、实现卓越的重要途径，是优秀员工具备的重要品质。如果想在职场中脱颖而出，就要时刻具备强烈的“创新意识”，敢于创新，坚持创新。作为公司的一员，时刻保持创新意识是非常重要的。

在工作中，要想让自己对所从事的职业不感到倦怠，除了具备我们通常所说的责任感外，还要不断地创新，不断地进步。只有创新，才有动力！

20世纪中期，日本东芝电气公司曾一度积压了大量的电风扇卖不出去。为了打开销路，公司的领导和员工都费尽心机想尽了办法，可是却没有取得理想的效果。

一天，一名员工走进了董事长的办公室，说出了他的想法：“其实，只要改变电风扇的颜色就可以了。”这个想法让董事长眼前一亮，看到了希望，他问：“怎么改？”

员工回答说：“现在，全世界的电风扇都是沉闷的黑颜色。如果我们把黑色改成浅色，效果一定会很好。”董事长非常重视这条建议，立刻召开了会议，结果这条建议被采纳了。

东芝公司马上投入生产，第二年夏天就推出了一批浅蓝色的电风扇。这种电风扇受到了顾客的欢迎，一上市便掀起了一阵抢购热潮。积压的那批电风扇很快就销售一空，接着东芝公司又投入生产，几个月之内就卖出几十万台。而那名员工自然得到了董事长的青睐。

案例中，如果没有这名员工的建议，东芝公司积压的电风扇是很难在短时间里销售掉的。这就是创新的力量。

在今天企业的竞争中，能力和信息占据着重要的位置，但真正能够决定胜负的关键因素还是创造力。“不创新，就死亡！”这句名言已经成为企业生存及发展的真实写照，没有创造力的企业是危险的企业；同样，失去创造力的员工也是危险的员工。

今天，创造力已经成为企业最需要的能力，成为一个人决胜职场的关键。很多企业对员工进行考核的时候，不再局限于专业技能，更多地将其是否具备创新意识和创新能力作为录用的重要条件。

创造力是一种创造新颖的、独创的思想和事物的能力，是企业生存的命脉、是企业进步的阶梯。同样，创造力也是员工能够脱颖而出的捷径。那么，如何来提高自己的创新意识呢?

1. 克服因循守旧的观念

因循守旧的人，一般都喜欢维护传统的东西，不愿积极开拓、创新求变。在因循守旧的状态下，人们会逐渐失去创新的兴趣，他们经常会对自己说：“我们不可能创造新的东西，但是，我们也不会面临比现在更差的处境。”

因循守旧是一种不自信的表现，是培养创新能力的大敌，要想具有创新思维，就要摒弃因循守旧的思想。

2. 勤于思考，善于思考

创新能力源于创新思维，而创新思维源于深入思考。由此可见，没有思考就没有创新。具有创造力的人一般都喜欢思考，更善于思考，并能迸发出灵感的火花。这样的人一般都很敏感，会留心身边的一切事情，并且想象力丰富、头脑灵活。因此，要想激发自己的创造力，就要勤于思考，善于思考。

3. 打破思维的定式

创新是员工的立身之本，很多人由于受传统思维的束缚，形成了一种固有的思维定式，缺乏创新意识。如果能够打破思维定式和惯性，善于运用逆向思维和递进思维，即使是一个小点子，也会产生非凡的效果和意想不到的结果。

突破思维定式，进行创新思考，才是成功的法宝；要想让自己具有创新意识，首先就要打破思维的定式，学会思考，学会变通。

4. 不断学习和吸取新东西

创新能力的提升要求人们头脑清醒，不断学习吸取新东西。即使是一个具备创新能力的人，如果不注重学习，也会落后，也会缺乏创意。要想提高自己的创新能力，就要依靠不断地学习。

5. 善于观察，勇于实践

创新并不是少数天才的专利，每个人都能创新。只要善于观察，勤于思考，勇于实践，就能实现创新。对于创新者来说，观察力和实践力都是不可或缺的，不仅要通过仔细的观察来洞悉事物的本质规律，还要通过实践来印证思维的结果。

“规则要遵守，但是不能得理不饶人。”——拒绝墨守成规

世事是变幻无常的，没有人能够一帆风顺，成功人士告诉我们：在通往成功的路途中，只要适时地灵活变通，会让自己的成功之路平坦许多。工作中，不要做“小滑头”，要多站在公司的立场想问题，遇到问题要积极面对并着手解决。

随机应变，灵活变通是一种智慧，这种智慧让人受益匪浅。

孙膑是我国古代著名的军事家，他的《孙膑兵法》蕴涵着变通的哲学。

其实，孙膑本人也是一个善于变通的人。孙膑初到魏国时，魏王想考察一下他，看看他究竟有多大的本事，是否真的如人们所说的那么有才华。

于是魏王召集众臣，当面考察孙膑的智谋。魏王坐在宝座上，对孙膑说：“人们都说你很聪明，那么，你有什么办法让我从座位上下来？”

孙膑想了想，说：“大王坐在上面，我是没有办法让大王下来的。可是，如果大王在下面，我却有办法让大王坐上去。”

魏王听了，得意扬扬地说：“那好。”说着，就从座位上走了下来，

“我倒要看看你有什么办法让我坐上去。”

周围的大臣一时没有反应过来，也都嘲笑孙膑不自量力，等着看他出洋相。这时候，孙膑却哈哈大笑起来，说：“我虽然无法让大王坐上去，却已经让大王从座位上下来了。”

这时，大家才恍然大悟，对孙膑的才华连连称赞。魏王也对孙膑刮目相看，很快他就得到魏王的重用。

在处理问题时，人们总是习惯性地按照常规思维去思考，如果我们能够像孙膑那样，学会灵活变通，就会发现“柳暗花明又一村”。

其实，不仅思考问题要这样，在工作上也应该这样。与领导相处的时候尤其要注意灵活变通。领导之所以能够坐在今天的位置上，其中一个重要原因就是灵活变通。作为下属，跟在他身后，一定要懂得弹性处理法则。

何敏在一家大型商贸公司的营销部当助手，工作起来很认真，最看不惯的就是违背公司规定的事情。

随着公司的发展，公司有了更多的经销商。但是，为了更大的经济利益，有些经销商违背公司规定，进行多元化经营，影响了公司的形象。

一次，某地经销商投诉到公司说，在自己的经销地点，发现有人也在经销该公司产品。经过调查发现，这些人并没有得到公司的合法授权，给自己的合法经营造成了很大损失。

经理接到投诉后，让何敏进行实地调查，如果事实清楚，就把问题解决掉。经过调查，何敏发现，果真如此。何敏表明身份，要求这些非法经销商立即取消对公司产品的非法经营。

可是，这些经销商却说自己是通过合法渠道进的货，任何人都无权干涉自己的正常经营。何敏通过调查发现，这些人的货都是从公司在当地的另一个经销商那里进来的，于是就措辞严厉地给那位经销商打电话，要求他立即停止对这些非法经销商供货。

回到公司，何敏如实向经理反映了情况。那位经销商也跑到公司，大倒苦水，说何敏不问青红皂白，用强硬的态度对待他们。

经销商走后，经理把何敏叫了过来，告诉她还是维持现状好。何敏不服："绝对不能就这么纵容经销商！公司有明确规定，对这种违约行为必须立即彻底纠正。"

看到何敏一点都不留情面，经理感到很无奈。但是，如果事情再被何敏闹大了，就更不好解决了。经理答应，这件事情由他负责。何敏看到经理这样说，只好暂且忍耐着。

稳住何敏后，经理就跟经销商打电话说："从公司开拓市场以来，我们都绑在一起，很多风浪我们都一起闯过来了，我们都是患难至交。我一直都很信任你，你信得过我吗？"经销商赶忙说："当然信得过。"

经理接着说："何敏完全是按公司规定办事，只不过是话说得有些过火。可是，在公司的规则之前，她又不得不这样去做。其实，公司的利益就是你们的利益。这你应该理解吧？"经销商笑着说："这是自然，要不我也早就不干了。"

然后，经理就给这个经销商分析了这种做法的危害：不合法，对公司造成了不良影响，对正规经销商的既得利益构成了潜在的威胁。经过商议，问题终于得到了妥善解决。

但是，何敏却觉得这样做不够彻底，还是不服气。经理就对何敏说："你能够坚持原则，这是很好的，也是公司所提倡的。可是，如果严格按照规则死板地做出处理，得理不饶人，到头来受损害的不仅是经销商，更会让公司蒙受巨大的损失；我们不但会惹一肚子气，还会遭到公司的严厉处分。

你自己下去好好想一想。”

何敏终于意识到了问题的严重性，半晌才回过神儿来，笑着说：“经理，我真是服了，以后一切都听您的安排。”

案例中，经理的成功之处，就在于他能够运用变通之术，避过了问题的锋芒，避过了与对手形成尖锐对立的危险，迂回地从问题的一个侧面出发，首先营造了一种和经销商融洽的氛围；然后，深挖问题的实质；接着，再利用一点影响不到公司利益的变通，让经销商在保持自身利益的条件下心甘情愿的接受处理问题的方案，最终使问题得到了圆满解决。

这就是一个领导的沟通才能所在！经理从公司、经销商和自身三方利益出发，使彼此都在平衡中和谐共处，最终规范了市场，维护了公司的原则，也解决了问题。

原则和规定是一定要遵守的，只不过在处理实际问题的时候，一定要学会变通。身在职场，只有善于变通，使自己在应对问题和人际交往之中做到游刃有余，才可能更好地去解决问题。

善于变通的人，不仅不会因环境影响而出现情绪的变化，工作质量也不会下降；而且在非常时期还可以应付一些突发事件，建立奇功。因此，很多领导都喜欢凡事肯变通、会适应的人。

世界上唯一不变的就是变化。学会适应变化不仅仅是一种精神状态，还是你的老板非常欣赏并期待你能掌握的一种技能。因此，对那些新的、看上去有些困难的事情不要心存抵触，要对它们的发展有一个心理预期，看看能否从中找到属于自己的位置。

让自己保持一种开放包容的心态，你就可以成为优秀的员工。

“给自己方向……”——树立目标

要想创新，首先就要给自己设立一个目标。有了目标，才会有行动的动力；知道自己想要做什么，应该怎样去做。很多人之所以没有创新，一个重要的原因就是缺少明确的目标，因此只能将自己搁浅在绝望、失败、消沉的海滩上。

所有成功人士，都有一个突出的特征——明确的目标。

费伯勒是法国著名的自然学家，有一次用一些毛毛虫做了一次不同寻常的实验。

费伯勒仔细地将它们在一个花盆外的框架上排成一圈，这样，领头的毛毛虫实际上就碰到了最后一只毛毛虫，形成了一个完整的圆圈。在花盆中间，放了一些毛毛虫爱吃的食物——松蜡。

不一会儿，毛毛虫就开始围绕着花盆转圈了。它们转了一圈又一圈，一小时又一小时，一天又一天，一晚又一晚，整整转了七天七夜。最后，它们全都因饥饿劳累而死。

在离它们不到6英寸远的地方，就堆放着一大堆食物，可它们却一个个饿死了。为什么会这样？因为它们都是按照以往习惯的方式盲目行动。

职场中，很多人都会犯和毛毛虫一样的错误，即使给他们提供了很多机会，依然取不得理想的效果。即使未知的财富近在眼前，他们也是得之甚少，因为他们只知道盲目地跟着圆圈里的人群毫无目的地走着，却不知道自己所求的是什么。如果你也存在这种情况，永远都不会有击中目标的一天。由此可见，给自己确立一个目标是非常重要的。

无论你多么意气风发，无论你多么足智多谋，无论你花费了多大的心血，如果没有一个明确的方向，依然只会让自己处于茫然之中，一点点地丧失斗志，最终忘却了最初的梦想。身在职场中的你，首先要为自己制订一个明确的目标，给自己一个动力，让自己对自己认识得更清楚。

目标是工作中一个个看得见的射击靶，当你将这些目标一一实现的时候，不仅会产生一种强烈的成就感，你的思维方式和行为方式也会渐渐发生改变。

有些人会问，我已经给自己制订了目标，为什么工作依然没有任何起色？其实，目标的制订并不像我们想象的那样简单，它也要遵循一定的原理：

1. 目标要适合自己

在制订目标的时候，一定要从自己的职位、工作能力等方面的实际情况出发，制订一个合理的目标。如果你是刚入职场的新人，就不要幻想一夜之间成为公司总裁，这种好高骛远的目标不仅不能成为你成功道路上的指明灯，还会把你带入更大的误区。

2. 目标要具体

很多年轻人说："我的目标就是让自己成功。"可是，成功又是什么呢？成功的标准又是怎么样的呢？如果目标不具体，是无法对目标的实现情况进行衡量的，它只会削弱你的积极性。

向目标迈进是动力的源泉，如果你无法知道自己向目标前进了多少，会让自己丧失斗志，最终很可能选择放弃。所以，制订的目标一定要具体。

3. 目标要有一个期限

必须给目标配上一个明确的时间表，这样才能激励自己不断地努力接近目标。

一个人没有目标，就像一艘没有舵的船一样，只能随波逐流，原地踏步。成功人士之所以能够不断地取得成功，就是因为他们总是为自己的职场之路设定明确的目标，然后再付诸行动。所以，要想在职场中有所成就，就要给自己制订一个明确的、具体的、可实现的目标。

“我有个想法跟大家分享。”——做一个敢想敢做的好员工

职场中，很多人都是思想的巨人、行动的矮子，整天只知道高谈阔论，最后却一事无成；有些人却敢想敢做，勇于实现自己的梦想，取得属于自己的成功。要想让自己在职场中获得长足发展，就要勇敢地将自己的创意说出来，敢想敢做。

常言说得好：“一鸟在手，胜过双鸟在林。”当机遇在你面前出现时，千万不要犹豫，要知道，机遇稍纵即逝。如果犹豫不决，患得患失，只会错失良机。只有勇敢地把心中的想法说出来，才有勇气得到提升。职场中需要勇气，大胆地说出你的想法、你的困难，说不定会有意外的惊

喜等着你。

一个初学打猎的年轻人自己到山里去打猎，没走多远就发现有两只兔子突然从树林里窜了出来。

年轻猎人快速地取出自己的猎枪，可是由于两只兔子朝着不同的方向奔跑，年轻猎人一时间不知道该瞄向哪只兔子。想打这只，又怕那只跑掉。

猎枪一会儿瞄准这只，一会儿又瞄准那只，就在年轻人犹豫不决的时候，两只兔子都不见了踪影。

这时候，年轻猎人才意识到自己的问题所在。

当鱼和熊掌不能兼得的时候，必须当机立断，抓住时机，认准目标，马上出击。职场中，每个员工不仅要勇于承担错误，还要勇于挑战传统、挑战权威，有勇气尝试新生事物。

敢想敢做，既是一种性格，也是一种气质，它会让身边的人体验到一种雷厉风行的快感；果断更是一种意境，只有果敢行事、当机立断的人，才会受到他人的钦佩、羡慕和信赖，并从中获得安全感。

李晓波到公司工作已有半年，公司准备让他开辟新市场，想让他出差半年。

李晓波比较犹豫：自己一个人长期在外，很多事情需要自己单独处理，不仅任务很重，而且还要承担责任。最后，李晓波找了一个理由推掉了这件事。公司没办法只好派二号人选周军去。

结果，没过半年，周军就升职为经理，而李晓波仍然只是一名普通员工。李晓波没有勇气面临挑战，看到自己错失了良机，后悔不迭。

每个人都不是圣人，都需要别人帮助，也需要别人的指点，如遇到困难，自己解决不了，一定要有勇气去请教他人；如果有一项新任务，一定要有勇气去接受；如果有误会，一定要有勇气去化解，由此可见，勇气非常重要。

当然，我们这里所说的“敢想”不等于空想，更不等于胡思乱想。敢想有两层意思：一是要有高尚而明确的人生目标；二是这个希望要非常强烈。

“敢做”不等于胆大妄为，更不是违法乱来。敢做也有两层意义：一是指人必须有冒险精神，必须敢于去做，畏险拖延永远不可能成功；二是在追求目标的过程中，要勇敢地面对各种挫折与失败，不能半途而废，应该越挫越勇，不达目的誓不罢休。

敢想才能敢做，行动就是力量，唯有行动才能改变自己的命运。不要依靠任何人，要靠自己，一旦明确了方向，就要敢打敢拼，敢于向高难度挑战。

第六章 执行力：事情成败的关键

“工作主动点不好吗？”——自动自发，做高效率的执行者

每个人都有自己的理想，正因为如此优秀的员工才会专注于自己所从事的工作，并在工作中付出精力。从这个意义上来说，工作不是谋生的工具，而是用生命去做的事。工作就是自动自发，工作就是付出努力，只有做个高效的执行者，才能逐渐提高自己。

在公司里，有些员工经常都是老板交代过任务之后，才开始工作。殊不知，这种只是“听命行事”或“等待老板吩咐”去做事的人，已经不符合新经济时代“最优秀员工”的标准了。今天，公司需要的、老板要找的是能积极主动工作的员工。

刚进入公司的时候，迪兹只是一个毫不起眼的普通职员。现在，他已成了老板最得力的助手，担任着一家分公司的总裁。迪兹之所以能够在三年的时间里取得这样的成绩，主要就在于他总是设法使自己多做一点工作。

刚来公司工作时，迪兹发现，每天下班后，老板依旧会留在公司工作到很晚。于是，迪兹决定陪老板留在公司里，在老板需要帮忙时，他能够

及时提供力所能及的帮助。

在工作时，老板经常需要查找一些文件，或者打印材料，这些工作看起来虽然很简单，却很烦琐。迪兹看到这里，主动请示老板，表示自己可以协助做这些工作。

就这样，老板开始了有迪兹陪伴工作的日子。虽然迪兹并没有获得额外的报酬，但他却获得了更多的机会。老板认识到了迪兹的能力，这就为迪兹的进一步发展创造了条件。

不可否认，案例中迪兹之所以能够取得这样的成绩，和他的主动性是分不开的。积极主动的员工，会时刻想着自己能为公司多做点什么。“每天多做一点事”的工作态度让他们更加显得与众不同，上司自然会加倍信赖他，从而给他更多的发展机会。

可是，在我们身边，很多人却没有意识到这点。他们习惯了等待，习惯了别人推一推自己动一动。这样的工作态度，怎么能做出成绩？

小林来自偏远地区，只有小学文化水平，由于没有什么特殊技能，只好到一家餐馆做了服务员。在别人看来，服务员的工作是非常简单的，只要将客人招待好就可以了。

可是，小林的表现却出人意料。一段时间后，小林不但掌握了客人的口味，而且只要客人光顾，她总是千方百计地使他们高兴而来、满意而归。通过自己的努力，小林不但赢得了顾客的连连称赞，也为饭店增加了收益——她总是能让顾客多点一两道菜。

老板非常欣赏小林的工作热情，也很满意她的工作业绩，准备提拔她做主管，她却婉言谢绝了老板的好意。原来，一位投资餐饮业的顾客看中了小林的才干，准备与她合作。对方投入资金，小林负责管理和员工的培训，并且对方郑重承诺：小林会获得 25% 的股份。

现在，小林已经成为了一家大型餐饮公司的老板。

比尔·盖茨曾经说过："一个好员工，应该是一个积极主动去做事、积极主动去提高自身技能的人。这样的人，不必依靠强制手段去激发他的主观能动性。"身为公司的一员，不能局限于完成领导交给自己的任务，而要站在公司的立场上，积极寻找自己应该做的事情，主动地完成额外任务，出色地为公司创造更多的财富。

在竞争异常激烈的今天，被动就要挨打，主动才可以占据优势地位。只有积极行动起来，才能随时随地把握机会，才能赢得老板的信任，并在工作中创造更为广阔的发展空间。

工作是一个包含了诸多智慧、热情、信仰、想象和创造力的词汇，积极主动的人，在工作中一般都会付出双倍甚至更多的智慧、热情、信仰、想象和创造力。只有以积极主动的态度对待工作，才可能获得工作所给予的更多的奖赏。

公司和老板需要的既不是那种遵守纪律、循规蹈矩的员工，也不是不能够积极主动、自动自发工作的员工。优秀的员工都会主动工作，他们知道自己工作的意义和责任，永远会保持一种自动自发的工作态度，为自己的行为负责，这也是老板所看重的。

“绝不拖延，立即行动！”——立即行动，才能提高竞争力

立即行动是一个员工应有的优秀品质！如果具备了这一点，必然能够让自己做出成绩，提高自己的竞争能力。如果有了好的建议却不立即行动，只会使这个好想法白白浪费在脑海里；如果接受了命令，却一拖再拖，也是很难取得成绩的。

在今天的职场上，人们说得最多的两个字就是“忙”和“烦”。之所以会造成这种现状，除了某些客观原因外，还有一个非常重要的主观原因，那就是执行力不强。可是，事实告诉我们，要想提高工作效率，要想做出成就，一旦有了好的想法，就要及时采取行动。

张华是一家公司的董事长，这天，一个记者采访了他：“请问，您成功的主要原因是什么？您遇到挫折时是如何处理的？”

张华回答：“绝不拖延，立即行动！”

记者又问：“您是如何面对挫折的？”

张华回答：“绝不拖延，立即行动！”

记者继续问道：“能不能告诉我您成功的秘诀是什么？”

张华还是回答：“绝不拖延，立即行动！”

"绝不拖延，立即行动"就是张华的成功秘诀！

在职场中，很多人做事的时候习惯于瞻前顾后，往后拖延。可是，拖延既不能使问题消失，更不能使问题变得容易。随着事情完成期限的逼近，工作压力反而会与日俱增。这不仅会让我们感到身心疲倦，问题还会由小变大、由简单变复杂，解决起来也会越来越难。

处于拖延状态的人，常常会陷于"拖延—低效能—情绪困扰"的恶性循环之中，让自己陷入苦恼、自责、悔恨之中，无力自拔，结果一事无成。不管在什么时候，当感到拖延的恶习正悄悄地向你靠近时，就要用这句话来提醒自己——绝不拖延，立即行动。不管做什么事情，一旦有了好的想法、好的主意，就应该立即采取行动，绝不拖延。

立即行动是避免拖延的唯一方法。坐等其成，只能虚度时光。目标需要用行动去证明，梦想需要用行动去实现，只有提高做事的积极性，才能赢得更多的成功机会。

1. 发动你的创造力

在我们身边，很多人都错误地认为，只有灵感来了才能工作。其实，与其等待，倒不如机械地发动自己的创造力。如果想写点东西，就要强制自己坐下来写，通过移动双手来刺激思绪，激发出自己的灵感；如果有了新想法，就要将其写在稿子上，引发自己的创造力。

2. 要实践，不要只是空想

一个没被付诸行动的想法，在你的脑子里停留得时间越久，就会变得越弱。再过几天，其细节就会随之变得模糊。几星期后，你就会把它全部忘却。要想实现自己的想法，就要积极实践，不要一味空想；一旦有了想法，就要积极实践。

3. 不要等到条件都完美了才开始行动

任何事情的完成，都是由不完美开始的，如果你想等条件都成熟了才开始行动，很可能永远都不会开始，因为有些事情总会不是那么理想。现实世界中，没有完美的开始时间，在问题出现时就要行动起来，并把它们处理好。

4. 立即切入正题

在开会前，人们一般都会做些社交活动或聊聊天。要想提高开会的效率，就要避开这些让人分心的事情，直接谈正事；因为一旦开始谈正事，就会变得更有创造力。

5. 用行动来克服恐惧

行动是治疗恐惧的最佳方法。万事开头难！一旦行动起来，你就会建立起自信，事情也会变得简单。在工作中，要学会通过行动来克服恐惧，建立自信。

6. 将眼前的事情做好

要想提高执行力，就要把注意力集中在目前可以做的事情上。你可以左右的时间只有现在，如果过多地思考过去或将来，是很难做出成绩的。

“找对方法，事半功倍。”——提高办事效率

工作中，不仅要勤奋和努力，还要寻找方法，把动脑和勤奋结合起来，努力取得最佳效果。只要思想不滑坡，方法总比困难多。优秀者总能在工作中发现“金点子”，在同样的岗位上做到比别人更优秀，在他们身上表现出来的闪光点就是——提高工作效率。

做工作、办事情，要讲究方式方法。方法科学、得当，就能使复杂的问题简单化，就能抓住事物的主要矛盾和矛盾的主要方面，就能取得事半功倍的效果；反之，则会使简单的问题变得复杂、明朗的局面变得模糊，就会出现“出力不讨好”的现象。

小程是一个公司职员，一下班就向老妈诉苦，说：“我每天从一进公司门就要忙个不停，一会儿干这个，一会儿干那个，忙得晕头转向。小刘和我一起进公司，做同样的工作，可看起来总是从容不迫的样子。更让我感到心理不平衡的是，月底工作量统计出来，自己还不如她高。”

在职场中，类似于小程的人有很多，他们整天忙忙碌碌，却忙而无功；感觉付出很多，却总是得不到老板的满意；没有一刻空闲，到总结时却说不出自己做出的成绩……如果你正处于这样的状态，就要提高警惕了！也许你不是工作不努力，而是需要掌握正确的方法提高自己的工作效率。

大学毕业后，李飞应聘到一家企业，担任市场部经理助理。

一次，李飞和经理一起参加了一个项目的洽谈，事后经理让他起草一份合同。李飞感到很为难，因为关于合同的起草他了解的并不多。最后，李飞只好找来几本与起草合同有关的书，认真研究了一个晚上。第二天，他根据自己的记录和理解，认真地撰写了一份合同，然后交给了经理。

经理看过这份合同后，严厉地批评了他："这份合同漏洞百出，甚至连行业里基本的条款都没有加进去，为什么不用公司的合同模板？"

这时，李飞才知道这类合同基本条款都是一样的，他只要把公司已有的合同模板找出来，根据这次洽谈的记录把和以前不一样的地方修改一下就可以了。

案例中，李飞之所以受到经理的批评，关键就在于没有掌握一定的工作方法。当他开始做合同的时候，如果能够向以前做过同类工作的前辈们询问一下，不仅会节省大量的时间、资源、财力和物力，还可以让自己少走很多弯路，获得良好的工作结果。

企业里通常都有一些已经固化了的工作经验和方法，它们是在前人成功或者失败的基础之上，吸取经验、总结教训建立起来的。为了让自己少走弯路，更快地走出职场寒冰期，初入职场的人一定要积极地向老同事了解和学习这些工作经验和方法。

今天，不是讲求"慢工出细活"的时代，工作效率是和一个人的工作业绩、奖金、晋升等联系在一起的。要想成为优秀的员工，就要想办法提高自己的工作效率。

1. 对自己的工作进行分类

每天所要处理的工作，概括起来无非有两种：事务型和思考型。如果将自己所要做的工作进行这样的划分，区别对待，也许会收到事半功倍的效果。

一般来说，事务型的工作不用太动脑子，只要按照熟悉的流程或程序做下去就可以了，而且不怕被干扰和中断，如收发 E-mail、写信、填写工作报表、备忘录等，这些例行公事、性质相近的事情，可以集中在同一个时间段来处理，即使在精神状态不佳的情况下也能完成。

而对于那些需要集中精力、一气呵成的思考型工作，则要谨慎对待。做之前，要进行充分的思考；要在精力旺盛、思路敏捷，且不易被干扰的时间段集中去做。

如果你能够这样安排，自己的工作效率就会大大提高，还会让自己拥有更多的业余时间去享受工作之外的精彩生活。

2. 在工作中学会说“No”

当你正专注于手头工作的时候，突然上司让你去做一些不太重要的事情，或者同事找你帮忙处理一些文件。如果放下手头的工作，你的思绪就会被打乱，有可能要重新再来，工作效率就会下降。这时，你要学会巧妙地拒绝对方，处理好这些事情。如果整天帮别人“做嫁衣”，非但自己的工作完成不了，还有可能出力不讨好。

3. 绝对不煲“电话粥”

对于职场人士来说，能够有一些经常往来的朋友，养成在不顺心的时候倾诉的习惯，是非常有利于身心健康的。一句真诚的问候、一个聚会的邀请，都会成为繁忙工作中的小插曲，让你的精神轻松下来。可是，如果频频接听私人电话，而且聊起来没完没了，必然会对自己的工作造成影响。因此，要想提高自己的工作效率，就要少煲“电话粥”。

4. 养成利于工作的好习惯

一些好习惯的养成，常常有助于工作效率的提高，比如：

（1）在工作时间里，不做与工作无关的事，特别是私事。

（2）情绪好坏会影响到工作状态，尽量不要把不好的情绪带进工作，要学会控制自己的情绪。

（3）每天定时完成日常工作，如查看电子邮件、和同事或上级交流、浏览必须访问的BBS、打扫卫生等，集中完成这些工作，能让你腾出更多的时间和精力来处理更重要的事情。

“给自己制定一份任务清单试试？”——让工作秩序化

> 职场中最要不得的就是杂乱无章！当别人已经干净利落地完成了手中的任务，如果你还像一只无头苍蝇乱撞，找不到办公的头绪，是很难取得成绩的。所以，要想取得成绩，首先就要让自己的工作程序化；如果你是一个手忙脚乱的职场人，就要学会给自己制定一份任务清单。

职场中，有些人对必须完成的工作感到无力应付；有些人有时会忘记去做重要事情，必须依靠别人的催促才能去完成……这些都是工作无序、没有条理的表现。为了让工作条理化，可以使用制定任务清单的方式来实现。

小张大学毕业后，应聘到一家房地产公司做销售，半年之后，成功胜任销售部经理。她是如何实现的呢？其他员工百思不得其解，同样是一天工作 8 小时，她是如何做出业绩的呢？

其实，在进入公司的第一天，小张就给自己确定了目标。为了让自己做出更多的业绩，每天晚上回到家里之后，她都会对当天的工作进行梳理，将不同的工作任务按照轻重缓急列个任务清单。第二天上班之后，就按照任务清单来进行工作。因此，小张很快就有了业绩。

不可否认，小张之所以会取得今天的成绩，主要归功于任务清单。

所谓任务清单，就是你要执行的所有任务的列表。通过任务清单列表，确定工作的优先级，然后安排各项工作的顺序，你就可以知道：哪些事情需要立即处理，哪些事情可以暂时不予理会。

制定任务清单不仅是个人的安排，还可以提高工作效率。职场中最要不得的就是拖拖拉拉，当别人已经干净利落地做好手中的工作，而你却还找不到办公的头绪时，怎么提高工作执行力？如果不想让自己手忙脚乱，且提高自己的工作执行力，就不妨给自己制定一份任务清单吧！

1. 任务要尽量细化

有些人做事的时候之所以会拖拖拉拉的，主要是因为任务表述模糊不清。因此，要细化到具体行动，去掉那些从未解决也没什么严重后果的事项。如果一项任务长期得不到重视，很可能是没有价值的。切记：永远先做有价值的事。

2. 标明每个任务所需的时间

为了提高效率，对于有经验的任务，就要规定出所需的大概时间；对于没有经验的任务，可以依据他人的经验作为时间参考值……这样，就能有效防止在一个问题上花费过多时间。

3. 留出任务与任务之间的空当

在两件任务之间，要留出适当的时间空当。如果留的时间太多，会不连贯；反之，如果拖延一项任务，很可能造成连锁拖延。

4. 相互独立，完全穷尽

在清单里，不必区分长期和短期任务。清单是一份每日备忘录，是实现长期或短期目标的具体实施步骤。不过在规划长期及短期目标的时候可以分成几大类，但不要过多。

在把一个工作项目分解为若干个更细的工作任务时，要遵循完整性和独立性的原则，即分解过程中不要漏掉某项；每项工作之间要独立，不要交叉重叠。

5. 不要使用太多的工具

制定清单的时候，要使用你觉得舒服的方式，最好能随时查看。同时，最好只专注于一种记录方式。资料显示，在使用任务清单的时候，36%的人会使用单一的记录工具。其他人除了电子工具外，多数还会用到笔记本。

6. 定期归纳、总结、调整

一旦将任务完成了，就要进行详细记录；然后，在每周末或月末时进行归纳总结。事实证明，达成目标的成就感，会有效促进下一阶段任务的完成。

“复杂的事情简单做，简单的事情认真做。”——学会正确做事

在这个信息爆炸的年代，员工每天都要面对不断膨胀的组织、越堆越高的文件……要做到化繁为简并不容易。职场中，我们要抛弃以往复杂的思维、老套的方法，不要在一件简单的事情上浪费太多的时间；要努力将复杂的事情简单化，取得事半功倍的效果。

在工作中遇到问题时，有些人错误地认为，想得越多就越深刻，写得越多就越能显出才华，做得越多就越有收获，全然不顾现实，盲目地追求多。其实，只有“合适”的才是最好的。

在美国有个叫约翰的青年，打算开一家帽子店。他设计了一块招牌，上面写着“约翰帽店，制作和现金出售各种礼帽”，然后请朋友提意见。

第一个朋友说：“‘帽店’与‘出售各种礼帽’意思重复，可以删去。”

第二位和第三位说：“‘制作’和‘现金’可以省去。”

第四位则建议将“约翰”之外的字都画掉。

青年听取了第四位朋友的建议，只留下“约翰”两个字，并在字下画了一顶新颖的礼帽。帽店开张后，大家都夸招牌新颖。

本案例告诉我们，“多”不一定就是好。很多时候，“多”是累赘，“多”

是画蛇添足，“多”只会使你更忙，更没章法。在工作中，要想更好地解决问题，我们也要学会把复杂的事情简单化，大大提高工作效率。

同一件事情，让不同的人去做，有的人能在很短的时间内、用最简单的方法完成；有的人即使借助各种工具，用了很长时间，依然找不到答案。为什么？关键就在于两者的思维方式不同，前者遇事喜欢简单化，后者则拘泥于形式。

有一次，爱迪生让助手测量一个梨形灯泡的容积，助手立即开始工作。他一会儿拿标尺测量，一会儿计算，几个小时过去了，还是没有将结果计算出来。

助手搬出大学里学过的几何知识，准备再一次计算灯泡的容积时，爱迪生走了进来。他拿起灯泡，朝里面倒满水，递给助手说：“把灯泡里的水倒入量杯，就会得出我们所需要的答案。”

助手这才恍然大悟：简单就是高效！

这个故事看似简单，却能给职场人士一个重要启示：不管做任何事情，都要探究“有没有更简单的解决之道”。在着手从事一件工作时，要先动脑，想想这件事情能不能用更简单的方法去做，而不是急急忙忙去动手，以致白白忙碌了半天却解决不了问题。

一些人做事的时候，喜欢往复杂的地方想，认为解决问题的方式越复杂越好，经常钻进“牛角尖”里出不来。事实上，学会把问题简单化，才是一种大智慧。

在很早之前，就有人说过：“聪明的人善于把复杂的事情简单化，只有愚蠢的人才会把简单的事情复杂化。”把复杂的事情简单化，实际上就是将复杂的事情简单做。

用最简单的办法解决最复杂的问题，是一种大智慧。而把简单的事情复杂化，就像是用宰牛刀杀鸡、用高射炮打蚊子一样，不仅愚蠢，而且毫无效率。

复杂容易使人迷失，而简单的东西才有利于人们进行理解和操作。有时候，事物呈现在我们面前的形态往往是复杂的，很多人容易被外界的各种乱象所迷惑，总是感觉无从下手、束手无策；或者即使千辛万苦地把问题解决了，也走了很多弯路，花费了很多的精力。

在竞争激烈的职场中，要想让自己获得发展，就要将复杂的事情简单做，尽可能地用最简单的办法去处理各种复杂的工作。只有这样，才能掌握工作的主动权，做出更大的成绩。

第七章 融入团队，借力团队

“一个人做事不容易成功。”——重视团队合作，切忌单打独斗

团队合作是公司成功的保证，也是个人成功的前提。即使你是一个天才，如果团队精神较差，也不会受到公司的欢迎。现在大多数公司都把“是否崇尚团队合作”当作一个重要的衡量指标。不能与同事友好合作、没有团队意识的人，是很难在职场中立足的。

《西游记》是我国著名的小说，关于这部电视连续剧，很多人都看过，都为师徒四人百折不挠的气概所折服。其实，如果将《西游记》的情节运用到职场上，也是能够说明一定的道理的。

在这部电视剧里一共有五个主人公：师父、孙悟空、沙僧、猪八戒和白龙马。如果我们将师父看成是管理者，那么其他的四个则是员工。在这里，我们重点分析一下这四个员工：

四个员工各有优点：孙悟空具有极强的工作能力，可是心性不定、争强好胜、桀骜不驯、偏执自大、冲动狂妄。在西天取经的过程中，孙悟空

是最不具备合作精神的。

白龙马任劳任怨，沙和尚憨厚老实，他们虽然能力稍微差一点，但是对取经这件事情从来没有二心。猪八戒是典型的“厮混型”员工，大错没有，小错不断，他并不在乎西天是否存在真经，只要有吃有喝就行了。

可是，就是这样性格迥异的员工，却在师父的带领下取得了真经。

“西游公司”的故事告诉我们，要想实现目标，必须依靠团队，团队有多大，平台就有多大。脱离了所在的团队，即使你具有孙悟空般的本事，也只是一只“强悍的猴子”。

团队合作，是一个人成功的前提。即使你拥有出众的能力，如果团队精神较差，也是不会受到公司欢迎的。只有懂得团体协作、善于虚心学习的人，才能在职场中迅速成长起来。

何挺大学毕业后，应聘到一家公司的市场部。靠着扎实的专业知识，大方开朗的性格，何挺很快就受到了领导的青睐。一次，经理在分配任务时提醒说：何挺等几名“后起之秀”，可以每人单独完成一项任务，也可以合作完成一项任务。

凭借着自己对市场行情的把握，何挺决定自己单独来完成一项任务。他花了整整一个星期的时间，细斟慢酌，终于搞定了自己的“大作”。可是，报告呈上去之后，经理却给出了这样的评价：“缺少本地化的东西，操作性不强。不过，你的宏观视野很开阔。”

之后，经理把几名“后起之秀”叫到一起，让他们分别揣摩彼此的方案。在经理的“撮合”下，他们将各自方案中的亮点进行了提炼和重构，做出了一份新方案。这份新方案受到了领导的肯定，列为备选的最终方案之一。想着自己能与资深员工“并驾齐驱”，这些新人甭提多高兴了。

事后，经理对他们说："我之所以会提前给出提醒，就是想让你们学会合作，取长补短。可是，你们竟然都选择了单兵作战。"

通过这件事，何挺明白了：想要让自己在团队中尽快成长起来，就要注重协作，否则欲速则不达！

今天，职场崇拜的不是个人英雄主义，团队的时代已经来临。仅仅依靠自己的力量，是很难实现自己的目标的。合作是一种生存技巧，更是一种生存智慧。职场不是一个人的独舞，只有把个人能力融合在团队中，才能保障自己的长期发展，实现双赢。

1. 要有大局观

没有个人利益就没有整体利益，没有局部利益就没有全局利益。在一定程度上，为了大局利益，员工必须放弃个人利益。优秀的员工，一般都会把团队的利益、集体的利益和公司的利益放在个人利益之上，他们往往都具有较强的大局意识，能够为了集体利益而牺牲自己的小利益。

具有协作精神的员工，当个人利益与集体利益发生矛盾时，通常都能以大局为重，而不是以自我为中心。团队利益和个人利益是捆绑在一起的，公司好了大家都好，公司垮了个人也拿不到薪水。那种"只顾自己，不顾集体"的员工是不受老板和同事欢迎的。

2. 要有协作精神

现代公司并不需要特立独行的"英雄"，许多项目是经过精心规划的，在执行的过程中需要团队配合，让每个环节都能够顺利完成。在中国式的团队里，更需要沟通和理解。没有团队，个人再有才华也没用，孙悟空式的冲动表现是行不通的。

“多听听别人怎么说。”——倾听的魔力

职场中，沟通的重要性不言而喻。有些人认为，沟通就是说话。其实，说话只是沟通的一部分，最重要的是要学会倾听。倾听是说的前提，只有先听懂别人的意思，再说出自己的想法和观点，才能实现有效的沟通。

有这样一个故事。

很久很久以前，有个小国派使臣到中国来，进贡了三个一模一样的金人。

皇帝高兴坏了，可是小国使臣却出了一道题目：这三个金人哪个最有价值?

皇帝请来珠宝匠检查，称重量，看做工，可是三个金人一模一样。

怎么办？使者还等着回去汇报呢。泱泱大国，不会连这个小问题都解决不了吧？最后，有一位退位的老大臣说，他有办法。

皇帝将使者请到大殿，老臣让侍从拿来三根稻草。他将一根稻草插入第一个金人的耳朵里，稻草从另一边耳朵出来了。他将第二根稻草插入第二个金人，稻草直接从嘴巴里掉了出来。而第三个金人，稻草进去后掉进了肚子，什么响动也没有。老臣说：“第三个金人最有价值！”

使者点点头，答案正确。

这个故事告诉我们，最有价值的人，不一定是最能说的人。善于倾听，才是建立沟通的重要前提。上帝给了我们两只耳朵、一张嘴，就是要我们多听少说。职场中，最有魅力的员工一定是一个倾听者，而不是滔滔不绝、喋喋不休的人。

倾听，不仅仅是对别人的尊重，也是对别人的一种赞美。在职场交往中，最善于与人沟通的高手，通常是那些善于倾听的人。

注意倾听别人讲话能让你更快地交到朋友，赢得别人的信任。公司里，通常都会有很多人，人多了在一起难免有话题可说，说生活、说工作、说他人……要多听少说，把工作的关键听进去，做好手中的事，少说一些废话。

不管说话者是上司、下属、亲人或者朋友，或者是其他人，倾听的功效都是同样的。人们总是更关注自己的问题和兴趣，同样，如果有人愿意听你谈论自己，你也会马上有一种被重视的感觉。

只有听懂别人表达的意思的人才能沟通得更好，事情才能解决得更圆满。关上耳朵，张开嘴巴，不是沟通。倾听是说的前提，先听懂了别人的意思，再说出自己的想法和观点，才能实现更有效的沟通。那么，什么才是真正的“倾听”呢？

1. 用语言反应表示积极倾听

（1）当对方在讲话的时候，最好不要一味“沉默应付”，要做出必要的语言反馈，比如：“是的”“明白了”“继续说吧”“对”等。为了表示自己的理解，可以一边听，一边简述自己过去的类似经验，或简要解释自己的类似观点；可以间或地插一两句，诸如“请接着说下去”“这件事你觉得怎么样？”等语言，以提高对方的兴趣，促使对方把更多的想法和消息告诉你。

（2）和同事讨论共同的感想和体会时，不要只顾自己说话，要让对方也有说话的机会。在回答时，要多说“是的”“我理解”“你说的和我想的一样”等诸如此类的话。尽量不要使用否定别人的回答，如：“不可能”“我不同意”“我可不这样想”等。

（3）别人谈论自己时，你却充耳不闻，是一种对他人行为的否定。伤害或贬低对方的回答是一种不礼貌的行为，如：“只有你才会被人瞧不起”“你这样做太可笑了”。

（4）在对方谈到关键问题时，觉得有必要再简明扼要地解释一下，可以这样说，如“你是说……”“你的意思是……”等，这就表明你不仅在认真听，而且积极地思考与理解对方。

2．积极倾听中的形体反应

首先，倾听时要采取轻松而灵活的姿态，不要太紧张或太“规矩”，但也不能摆出一副优哉游哉的样子。无精打采的态度，表明你漠不关心；脸部紧绷，说明你心里紧张或不舒服；而抱着双臂跷起二郎腿半躺在椅子里，则表示态度傲慢。

其次，在倾听别人说话时，要充分利用身体反应、身体的活动手势来表示对对方的理解。比如：用摇头表示你不相信，用手势来表明物体的大小比例。

“你的赞美有点酸。”——由衷赞美

溢美之词，是增进相互情感的催化剂。职场中，赞美之言必不可少。可是，并不是每个人都能运用得好，有些人会因为一句话将事情搞砸，祸从口出。所以，要学会赞美。真诚的赞扬如同职场中的和风细雨，令人愉快，散发着难以想象的芬芳。

爱听表扬的话是人类的天性，每个人都喜欢正性刺激，不喜欢负性刺激。职场中，优秀的员工一般都善于赞赏他人，善于夸奖他人。工作中，如果能对你的上级、同事进行真诚的赞美，就可以融洽人际关系，为自己的工作助力。

大学毕业后小美进入一家咨询公司做高级文案，从事文字翻译工作。她行事小心翼翼，态度谦和，很少有机会锻炼说话的能力。

工作了一段时间后，小美跳槽到了一家新公司。刚到新公司的第一个月，老板非常欣赏地对她说：“小美，好样的，你已经是公司正式员工了。”

听完老板的话，小美开心不已，下班后还乐颠颠地继续干活。小美觉得自己这段时间的辛苦确实没有白费，老板的赞赏是对她最大的认同。

从那以后，小美一改曾经的慢条斯理，话也变多了，她将自己的改变归功于老板的赞美，她说：“是老板的赞美令我的生活变得如此多姿多彩。”

真诚的赞扬如同职场中的和风细语，是令人愉快的催化剂，可以散发出难以想象的动力。

在轻松愉悦的工作氛围下，人们更容易发挥自己的能力，工作效率更高，任务进展得更顺利；而在沉闷无聊的环境中，往往会增加心理压力，会变得莫名的烦躁，简单的工作也会觉得无力应付。这个时候，内心就会涌起一种渴望：渴望赞美和关心！

虽然每个人都喜欢听赞美的话，但并非任何赞美都能使对方高兴。只有基于事实、发自内心的赞美，才会引起对方的好感；相反，如果无凭无据地赞美别人，别人不仅会感到莫名其妙，更会觉得你诡诈虚伪。因此，要想让自己尽快融入团队，就要学会真诚赞美！

1. 赞美别人要发自内心

真诚的赞美是对对方表露出来的优点的由衷赞美，只有赞美的内容是确实存在的，不是虚假的，才能令人信服。如果赞美别人时口是心非，对方就会觉得你言不由衷，或另有所图。

2. 赞美别人时不要心怀动机

卡耐基曾经说过：“如果我们只想从别人那里获得什么，那我们就无法给人一些真诚的赞美，也就无法真诚地给别人一些快乐。”由此可见，真诚的赞美不是为了想从对方那里得到什么才赞美。

3. 赞美别人时要重视目光交流

要想达到一种无声胜有声的效果，赞美时眼睛要注视对方，流露出一种专心倾听对方讲话的表情，让对方意识到自己的重要。

4. 赞美要有见地

同样是赞美一个人，不同的表达方法会取得截然不同的效果。如果你赞美一个其貌不扬的同事，说："你真是美极了。"对方会认为你是个虚伪之人。但如果你着眼于赞美她的服饰、工作能力、谈吐、举止，她一定会高兴地接受。

5. 赞美要具体

含糊的赞扬往往比侮辱性的言辞还要糟糕，因此赞美对方的时候要具体，要尽量避免使用模棱两可的表述，如"还可以""凑合""挺好"等。

"与同事或上司不要太亲近。"——保持距离

> 公司是工作的场所，不是交朋友的地方，不要随便侵入他人"领地"，以免被人视为无聊之辈。办公室，要想避免撞车，就要注意保持适当的车距。在处理同事关系时，与他人保持适当的距离也是很重要的。

每天与你在一起时间最长的人是同事，大家在办公室面对面、肩并肩，同劳动、同吃喝、同娱乐。办公室里，同事之间的距离如何把握并不是简单的事。

小娟是一家化妆品公司的职员，和上司一样都喜欢追求时尚，喜欢同一牌子的化妆品、同类款式的服装。因此，两人有很多的共同语言，在一起相处的时间也多了，私下里小娟就称张倩“大妲己”，而张倩则称小娟“小妲己”。

有一天，小娟闯进了张倩的办公室大声说：“大妲己，今晚我有两张电影票，要不要去？”张倩的脸色立刻就变了，说了一句：“风风火火像什么样子？”

小娟这才发现，沙发上坐着一位西装革履的绅士，原来他们正在谈业务。从那以后，张倩对待小娟的态度就不一样了，两人的关系逐渐冷淡，小娟也因此遭到同事们的冷嘲热讽。

后来，小娟被调到市场部做统计，离开了这份自己十分喜欢的工作。

现在很多的年轻上班族，思想开放，很容易把上司看为公司团队中与自己相同的一分子，特别是年龄相仿的，不管是工作时间还是下班时间，都会毫不忌讳地开玩笑。

要知道，上司不是你的朋友，无论什么时候，上司就是上司，要注意等级差别。即使你和他的关系不错，也要对对方多一些敬畏和恭维。在职场上，与上司走得太近，会对自己的职业发展造成影响。

同事就是同事，如果你错把同事当朋友，那么，吃苦的必然是自己。你不能对同事有过高的期望值，如果同事把你卖了，也不必太惊讶，吃一堑长一智就是了。

同事跟朋友不同！朋友志趣相投，可以互损，可以互骂，但却彼此信任和忠诚。同事则不同，一般来说，同事之间有太多利益上的抉择，同事之间的关系是既合作又竞争。因此，在与同事交往过程中，不要抱有过高的期望值，否则很容易惹麻烦，甚至受到伤害。

同事关系，说远不远，说近不近是最佳状态。那么，要如何与同事适当保持距离呢？

1. 与同事交往要真诚

同事之间相处的时候，真诚是最基础的条件，不能尔虞我诈、互相欺骗、虚伪敷衍。真诚来自内心，写不到脸上，也伪装不得。世界上没有无缘无故的爱，也没有无缘无故的恨，要想和同事良好交往，就要真诚地对待同事。

2. 不泄露同事的隐私

如果同事将自己的隐私告诉你，说明信任你，你们的友谊肯定要超出别人。这时候，你一定要把好“口风”，不要将同事的个人隐私泄露出去，否则不仅会辜负了同事对你的信任，而且也会招致同事的怨恨。随便把同事的私密讲给别人听，其他同事也会对你心存戒备，如此一来，你在职场上也就很难找到推心置腹的人了。

3. 牢骚怨言要远离嘴边

职场中，有些人经常会不分时间、场合地怒气冲天、牢骚满腹，逢人就大吐苦水，像祥林嫂一样唠叨不停。既然你对目前的工作如此不满，为何不另谋高就呢？而且，你的牢骚一旦传到上司的耳中，在公司的日子肯定不好过。因此，与同事相处，要谨言慎行，要让牢骚怨言远离嘴边，学会做个聆听者。

4. 切忌随意伸手借钱

同事间会经常聚餐游玩，采用AA制是最好的处理方法。不但不会给彼此造成心理负担，经济上也都承受得起。另外，在万不得已的情况下，最好不要随意向同事伸手借钱，即使借了钱，也一定要及时归还；否则，不仅会引起同事的不满，更有损你的信用。

5. 保持与异性同事的距离

同异性工作交往的时候，要采取大方、不轻浮的态度。千万不要将办公室的异性关系处理成类似“恋爱关系”所期望的那种结果，也不要与某个异性发展成更为亲密的关系。

第八章 让自己成为不可替代的学习型员工

“我错了，你批评我吧。”——接受批评也是学习

有时，别人的批评不是对个人本身的不满，而是对做事态度、方法的不满，他们的批评是对我们做事的建议，并不是无中生有的挑剔。善意的批评可以让我们知道自己存在哪些不足，以便能逐步弥补和改掉，从而完善自己，从这个意义上来说，接受批评也是一种学习。

得到称赞和尊重，是一个人的基本需要。每个人都希望自己的才能、成绩受到老板的重视，被别人认可，希望自己在公司有一定的地位，有应得的名誉。但是在今天的职场中，我们常常会遇到批评。那么，该如何来面对批评呢？

李慧大学毕业后，应聘到一家外企。上班以后，由于还没有适应公司的工作节奏，她总是受到老同事或者顶头上司的批评。

李慧上班的第三天，因为堵车，早晨上班就迟到了十分钟。部门经理生气地说：“你才上班几天？怎么就开始迟到了？”李慧小声解释着：“路上堵车。”经理生气地说：“在北京，堵车是一件很正常的事，别人为什

么不迟到？”李慧觉得经理批评得很对，就不吭声了。

从此，李慧就把自己早晨起床的时间提前了半个小时。为了防止自己醒不来，李慧还专门买了个闹钟。因为提前出发，避开了上班高峰，李慧再也没有迟到过。

外企员工之间沟通，很多时候是通过发邮件。由于有些同事是外国人，很多电子信件的来往都是用英语。上班一个月后，一个资深同事嘲笑李慧说：“李慧，你的电子信件不仅有句型错误，有些单词也拼错了……”

李慧虚心接受了同事的“嘲笑”，在工作之余开始认真自学英语。三个月后，李慧的英文电子信件再也不出现错误了，而且写得越来越好。

西方谚语说：“恭维是盖着鲜花的深渊，批评是防止你跌倒的拐杖。”听惯了谀辞的人一般都会狂妄自大，只有虚心接受批评的人才会改正缺点，提升自己。所以，我们必须养成虚心接受批评的习惯。

事实证明，能够接受并处理批评，对于我们职业的成功是至关重要的。受到批评时，如果采取防御和排斥的姿态，你是不能利用负面评价的，而这些评价却能在你的职业轨道上发挥积极作用。那么，如何从批评中受益呢？

1. 聆听并提出问题

面对别人的批评，仔细聆听是非常重要的。这不但有利于你理解问题，同时也可以展现出你解决问题的兴趣。

2. 考虑批评的来源

有些批评需要有保留地接受，比如，这个批评是否来自你尊重的人。如果这个人对你的技能和背景都非常了解，该批评可能是非常正当有用的；如果这个人不是专家，或不了解你，那么信息可能没有那么有用。

3. 把问题放在第二天解决

如果你倾向于防御，可以先聆听一下对方的批评，然后将问题留在第二天解决，这会让你看起来像一个有思想的员工，你完全可以把批评当作未来成功的一个机会。

4. 看到希望的光芒

即使你通常很悲观，如果在积极的亮光中接受它，它依然可以用来提高个人的成长和发展，促进你的职业生涯。如果领导不认为你曾为团队带来过价值，他们是不会提出批评的；他们可能只是等待一个机会，把你从花名册中除去。

5. 受到批评时不要过多解释

受到批评时，反复纠缠、争辩是没有必要的。如果确有冤情，可以找一两次机会表白，点到为止。即使对方没有为你“平反昭雪”，也用不着纠缠不休。如果你的目的仅仅是为了不受批评，当然可以“寸步不让”。可是，斤斤计较型的人怎么会受欢迎?

6. 认真对待上司的批评

上司一旦批评人，就有一个权威问题和尊严问题。如果你把领导的批评当耳边风，依然我行我素，其效果也许比当面顶撞更糟。因为你的眼里没有上司，会让上司面子尽失。因此，必须虚心接受批评，认真对待。

7. 对批评不要满腹牢骚

批评有批评的道理，即使错误的批评也有其可接受的地方，聪明的人一般都懂得“利用”批评。如果他人批评错了，只要你处理得当，有时也会变成对你有利的因素。但是，如果你不服气，乱发牢骚，则会恶化办公室的人际关系。

8. 不要把批评看得太重

受到一两次批评并不代表自己就没前途了，更没必要觉得一切都完了。如果受到一两次批评你就一蹶不振，打不起精神，更会让对方看不起你，今后他也就不会信任你了。

“不要让自己在同一个地方摔跤。”——正视挫折

> 每个人在工作中都可能遇到挫折，面对挫折的时候，要及时调整好自己的状态，从不顺利的状态中总结出一定的经验与教训；要正视自己的挫折，勇敢地面对；要吸取有益的经验，逐渐完善自己。如果不长记性，很可能在同样的地方再摔跟头。

在职场之路上，竞争非常激烈，失败和挫折都是不可避免的。其实，失败和挫折就像是一只纸老虎，看起来很可怕，可是只要我们勇敢一点，它最终一定会向你低头的。

史蒂文斯曾经是一名在软件公司干了8年的程序员，正当他工作得心应手时，公司却倒闭了，为了生计，他不得不重新找工作。

这时，微软公司招聘程序员，待遇相当不错，史蒂文斯信心十足地去应聘。凭着过硬的专业知识，史蒂文斯轻松过了笔试关。对两天后的面试，史蒂文斯也充满信心。然而，面试时考官却问出了这样一个问题——软件未来发展方向如何？史蒂文斯从来都没有考虑过这方面的问题，惨遭淘汰。

通过这次面试，史蒂文斯觉得微软公司对软件产业的观念，令他深受启发，于是他给公司写了一封感谢信："贵公司花费人力、物力，为我提供笔试、面试的机会，虽然落聘，但通过应聘使我大长见识，受益匪浅。感谢你们为之付出的劳动，谢谢！"

这封信，很快就被送到总裁比尔·盖茨手中。3个月后，微软公司出现了职位空缺，史蒂文斯便收到了录用通知书。十几年后，史蒂文斯凭着出色的业绩，成了微软公司的副总裁。

史蒂文斯的案例告诉我们，面试失败后，不要放弃，求职者还有"起死回生"的机会。如果你能够像史蒂文斯一样对招聘公司的辛勤劳动给予感谢，更容易给用人单位留下深刻印象。当公司一旦出现职位空缺，或许首先想到的就是你。

现代职场中，每个人都可能遭遇挫折。比如：公司突然宣布要裁员，你可能就在那名单中；每天辛苦工作，公司却认为你的付出没有价值；虽然付出了很多努力，却不能把工作做好；换了很多工作，却一直找不到真正适合自己的岗位……这些事情每天都可能发生在我们身边。

可是，严重的挫折会在人的心理上引起强烈的反应，给人带来巨大的压力。如果长期遭受这种挫折的折磨，人的身心健康就会受到损害，容易颓废消沉，甚至一蹶不振。受挫后，如果不能及时调整，而使心理失衡，不仅会影响到自己的工作、生活，还会严重影响人的健康；同时，也会给身边的人带来负面影响。

那么，遭遇挫折后，如何才能防止消极结果的产生呢？

1. 寻找合适的对象积极倾诉

倾诉，是一种健康的防卫方法，既没有副作用，还会取得理想的效果。如果倾诉对象具有较高的学识、修养和实践经验，将会对挫折者的心理给予适当抚慰，鼓起你奋进的勇气，并引导你朝正确的方向前进。一般来说，受挫者在一番倾谈之后，会收到意想不到的效果。

2. 积极寻找你的优势

在遭受挫折后，很多人都会认为，自己就是世界上最倒霉的人了。这时候，如果能够冷静地看一下周围，你就会发现，其实还有很多人的状况比你还要惨；在职场上比你困难更多、处境更差的人到处都是。通过挫折程度比较，可以让你自己的失控情绪逐步转化为平心静气。

3. 从挫折中寻求进步

既然事情已然发生，就要承认事实，认真分析、审视自己受挫的过程，多从自身找原因，克服工作中自身存在的问题，积极吸取教训，争取更大的进步。

4. 给自己进行职业规划

职场上的挫折，会对原有的工作步骤形成干扰。这时候，你就要想一想，之前所走的路是否正确，是否真的适合自己。如果大方向没有错，就要改善一下自己的工作方法，也可以看一下自己确定的阶段目标是否合适。

“将你的顶头上司当成榜样吧。”——模仿优秀

对于每个人来说，顶头上司都是最好的学习对象。向他们学习，你可以变得更优秀，可以获得更多的成功机会。老板和上司是最值得学习的人，要时刻研究他们的一言一行，只有这样，我们才有可能获得提升，才有可能在自己独立工作时做得更好。

入对行，跟对人，做对事，一位好的上司会对你提供巨大的帮助。在职场中，优秀的人很多，各有所长，关键看你自己愿不愿意向别人学习。而离你最近，和你的目标最相似的，就是你的顶头上司。

除了自己的家人之外，老板是与自己接触最多的人，也是自己每天都要面对的比自己优秀的人，千万不要错过向老板学习的机会。

李辉大学毕业后，应聘到一家公司做销售人员。李辉上司 30 岁左右，是这家公司最优秀的销售人员之一，每年都会为公司带来几千万元的业务。

李辉先被安排做他的助手，渐渐地，李辉发现，上司和别的销售员不一样，如永远穿着干净的衬衫、笔挺的西装，头发梳得一丝不乱，眼神坚定而有神。

有一次，李辉和上司一起去上门推销一件产品，连续走访了 20 多家

客户都吃了闭门羹。李辉的情绪低落到了极点，他想放弃，可是上司没有一丝灰心和疲惫。他们在卫生间理了理被风吹乱的头发，又敲响了下一家客户的门……结果一天下来，他们竟成功地拿到了8份订单。

从那以后，不管遇到怎样的挫折，李辉都会努力坚持，从没有放弃过。同时，他也学着上司的样子，格外注重自己的形象，他把心态调整到最佳的状态，始终以微笑的姿态出现在客户的面前。

上司一般都具有较强的工作能力，他身上的优点往往都会是迈向成功所必备的条件，只有不断向上司学习，才能为自己的成功打下坚实的基础。从李辉的经历中，可以发现一个优秀能干的上司对下属所产生的巨大影响。作为下属，要不断地发现上司身上的各种优点，努力向他们学习。

在初入一个行业的时候，你对这个公司、这个行业并不熟悉。而你的上司却可以教给你很多专业知识和行业规律，更重要的是，他会让你更快地了解公司的文化，迅速成长、成熟起来，最终独当一面。

但是，有的下属却看不起上司，觉得上司的能力也不过如此，如果自己在他的位置可以比他做得更好，只是自己没有这个机遇而已……这种不切实际的想法，其实是自不量力的表现。上司之所以成为你的上司，肯定有他的过人之处，如沉着、冷静、富有冒险精神或公私分明等。

作为下属，要想超越上司，就要先学会他的那一套，然后才有可能超越。连他那套都做不到，更谈不上超越了。所以，要不断地向上司学习，充实自己，提升自己。

优秀的人之所以优秀，一定会有自己的成功秘诀。所以，我们要保持一种随时随地虚心学习的心态，并且认真地去学习他们的方法，最大限度地提高自己的能力。

向你的上司学习成功，仅靠观察和跟随上司一起工作是不够的，你还要学会欣赏他、理解他，认同他的理念和工作风格，甚至帮助上司做好工作。

“休息时间，学点东西……”——拥有“灰色技能”

俗话说：“技不压身”，职场里也是如此。不管你是会穿衣打扮的时尚达人，还是精通点菜、熟悉各个酒楼特色的美食达人，或者是打球打得好、唱歌唱得好，这些都是你的职场软实力，只要运用得当，绝对会给你的职场形象加分。

近年来，职场人越来越注重修炼“灰色技能”，不少职场人感叹，专业知识和工作技能虽然是职业发展的重要参数，但要想在职场中有所发展，光靠这些是远远不够的。

三年前，小丁还是一位职场新人，心里只想着做好本职工作，对公司里另一个一起入行的同事小君很不以为然，认为对方“只会喝酒、吹牛、拍马屁”，结果不久之后发生的一件事极大地震撼了他。

当时，公司好不容易接到了一个市政工程，报价 140 万元，对方回价 100 万元。在办公室里，谈了好几轮都谈不下来。最后，公司高管摆设了一场饭局，宴请对方领导。

席间，小君说学逗唱样样拿手，喝酒又是海量，把对方陪得十分尽兴。最后，对方领导大笔一挥，合同以 138 万元成交。一顿饭，竟然帮公司多赚了几十万元。

从那时候开始，小丁再也不敢小看小君了，并且私底下也开始猛练酒量。小丁想通了一个道理，在如今的职场里，干好正职还不够，“特长”也是加分项目。

虽然我们不鼓励每个人都成为“海量”，但特长确实是价值的体现，是拥有职场影响力的重要工具。没有特长的人是很难得到同事认可和领导青睐。

可是，特长的概念是非常广泛的，并不一定是解决工作难题的能力或者掌握了某一项非常复杂的技能，也可能是生活上的其他特长，如有人善于唱歌，有人善于调节气氛等，不要小看这些特长，很多人正是依靠这些特长获得了职位上的晋升。

如果你有留意，总会发现公司或单位里有这样一种人，业务能力不见得特别突出，但是领导出席酒席宴会总喜欢带上他，这样的人物往往有以下过人之处：熟悉每个酒楼的领班、能订到好房间、很会点菜、酒量超好、口才也好……有他在场，气氛总是特别融洽。有这样的下属，领导当然愿意带在身边。这种人，常被公司各级领导视为“气氛调节器”。

千万不要以为只有歌星才需要唱好歌，体育明星才需要会打球。在今天的职场里，打球、唱歌都可能成为普通人的“工作需要”。也正是因为这个原因，越来越多的白领在业余时间给自己充电，忙里偷闲地学习一项“特长”。

职场就像江湖，竞争无处不在。如果只想着干好本职工作，那么很可能一辈子就只能干这个“本职工作”了，升职、加薪、领导提拔、出国学习，这些好处永远都轮不到你。为什么？因为大家的本职工作都干得不错，在领导眼里，这是你应该做的，和同事相比你没有一点闪光之处。所以，在做好本职工作之余，你还应该有一点闪光之处让领导“眼前一亮”，拥有自己的“灰色技能”。

第九章 好员工拥有好心态

“你不是给老板打工，而是给自己打工。”——拥有老板心态

一个人的价值，可以通过工作来体现。现实生活中，打工的人有很多，又有几名员工通过工作来充分体现个人价值呢？不是一个好员工，不仅在工作岗位上得不到尊重，也会因此失去锻炼的好机会，因此要拥有老板的心态，把给别人打工当作是给自己打工。

职场中，有些人认为，工作就是为别人打工，做得多少、做得好坏都和自己没有什么关系，只要能完成上面交代的任务就行。可是，要想做一名优秀的员工，这种思想是千万要不得的！

大学毕业之后，刘晓林进入了一家贸易公司。他觉得，自己是来给别人打工的，因此工作起来很被动，就像算盘珠子似的，别人拨一拨，就动一动，不拨就不动。明明一件事情可以做出更好的方案来，却从来都懒得多动一下自己的脑筋，总是拿一个草草了事的东西来敷衍。

遇到困难刘晓林总是绕道而行，要不就干脆往后拖，最后不了了之。

他觉得，反正是给人家打工，事情能少做就少做，只要能在老板那里应付过去就行。

其实，在职场中，像刘晓林这样的人还有很多。可是，要知道，这样的工作态度不仅会让自己逐渐变得懒惰，还会让自己错失职场中无数的宝贵机会，失去从工作中得到的快乐。如果刘晓林做事能够积极主动一些，摒弃所谓的“打工心态”，对他来说才是最好的。因为，你不是在给老板打工，只要心里有目标、有追求，每分每秒你都是在为自己工作。

工作不仅仅让我们赚得了薪水，更教给了我们经验和知识。通过别人所提供的舞台，不断锻炼自己，提高自己的知识和经验，才能使自己变得更有价值。

由于生活贫困，王海涛只受过很短的学校教育。20 岁那年，王海涛来到一家建筑公司打工，他每时每刻都在寻找发展的机遇。当别人抱怨工作苦、薪水低的时候，王海涛却努力地工作，默默地积累着经验，并自学了建筑方面的知识。

每天当同伴们都在休息时，王海涛却躲在角落里看书学习。一天公司经理看见后，把他叫到办公室，问：“你学那些东西干什么？”王海涛说：“我想我们公司并不缺少打工者，缺少的是能把工作做到位的优秀员工和管理者，是吗？”经理点了点头。

不久，王海涛便被升为技师。打工者中，有些人嘲笑他，可王海涛却说：“我是在为自己的梦想和远大前程打工。只有努力地把工作做到最好，才能使自己的工作产生最大的价值，才能得到期望的薪水，才有可能获得机遇得到重用。”

抱着这样的心态，王海涛继续努力着，逐渐升到了总工程师的职位。

几年之后，王海涛便成了这家建筑公司的总经理。

王海涛的故事告诉我们：你不是给老板打工，而是给自己打工，拥有老板的心态很重要；只有抱有这样的心态，才能让自己在职场中逐渐完善自己，逐渐实现自己的目标。

有老板心态的员工才是被需要的，是可被利用的，才是真正意义上的好员工。在这个过程中，自己的素质和能力才能得到不断提升，这对一个人的远期成长是最宝贵的财富，并不是金钱和物质所能替代的。

要想成为一名让老板信赖的好员工，就要摒弃“多做多错，少做少错，不做不错”的消极观念，积极想办法拥有老板的心态。那么，怎么才能实现这一点呢?

1. 敢于承担责任

职场中，为了让自己少担些责任，有些员工不愿意积极思考，不愿意主动做事。其实，做错事敢于承担责任是作为一个好员工必备的素质，如果过于计较这些，自己的能力和经验是很难获得成长的；只有勇于承担责任的人，才会受到职场的欢迎。

2. 像老板那样思考和行动

不管老板在不在，都要有一个心态：只要我在做，就要做到全力以赴。好员工一般都能像老板那样思考和行动，遇到问题的时候，他们沉着冷静，会把事情的各方面都考虑周全。

3. 摒弃打工心态，摆清自己的位置

你的老板就是你自己，要摒弃打工心态，摆正自己的位置，把工作当成

自己的事业。工作中，我们不仅要做好分内的事，还要尽力寻找提升自己价值的机会。多做一点，你的路就会更宽阔；多想一点，你的路就会更平坦。

“要学会自省，懂得退让。”——包容心态

多一分包容就会多一分宁静平和，多一分理解信任就会多一分平安和谐！同事之间的相处，难免会发生这样那样的争执和矛盾，如果总是斤斤计较，必定会影响人际关系。如果我们能够学会自省、懂得退让，用一种包容的心态去处理问题，那么将会出现截然不同的结果。

与人发生矛盾时，有些人通常都会认为是别人错了，不懂得自我反省，不懂得退让，斤斤计较。可是，要知道，失去了包容心态，会让自己失去同事的信任，这时候还有谁愿意和你合作？

刚参加工作时，刘小敏年少轻狂，一腔热血，总想着要好好表现自己、证明自己，让别人觉得自己很优秀。工作中，只要别人和自己意见不一致，刘小敏就要和对方一争高下，直到对方认同自己的观点为止。如果发现有人做错了事，她就会毫不留情地当场指出来。

同事们都觉得刘小敏很自我，说话、办事、想问题总是喜欢以“我”为中心，很难相处，慢慢地疏远了她，不愿意和她一同共事。每当同事们在一起有说有笑的时候，刘小敏只能远远地躲在一边。

刘小敏感到很苦恼，总觉得自己没有错，是别人不了解自己。

不可否认，案例中的刘小敏之所以会落得“众叛亲离”的下场，主要就在于自己太喜欢表现自己，太不懂包容了。职场中，每个人都会遇到各种各样的问题，当我们与人发生矛盾时，要学会换位思考，要站在对方的角度去看一看、想一想，从而去理解、接受别人。如果你能设身处地地考虑一下对方的处境和感受，试着向后退一步，就会看到不一样的结果。

人生最大的难题就是能真正地认识自己，优秀的员工一般都懂得自省，他们会直面现实，竭尽所能地化解矛盾、解决问题；他们懂得退让，懂得适时地“弯腰”“低头”与“退让”，因此赢得了别人的青睐与敬佩！于静敏就做到了这点。

于静敏在一家公司做文职专员，每天都会与不同部门的同事打交道。虽然于静敏不是一个能说会道的人，可是她却能和同事搞好关系，友好相处。

在工作中，当同事和她产生矛盾和误会时，她总能冷静面对。她不会与对方争吵，而会适时退让，自我反省。继而找到解开谜团的钥匙，了解自己的不足，不断提高自己。

即使是被同事误会了，于静敏也从不计较，与同事再次相见时还是以微笑相待。同事面对这样的她，也是会心一笑，既是感激于静敏的包容，更是对她敬佩。

领导非常欣赏于静敏的为人处世方法，还常常表扬她，让其他同事向她学习。

包容是一种精神和品质，是构建和谐的内在需求。每个人都是自己命运的建筑师，多一分包容，就会多一分理解、多一分信任，只有学会自省，懂得退让，拥有了包容心态你才会成为一个被需要的好员工。

俗话说得好：“忍一时风平浪静，退一步海阔天空。”在与周围的朋友、同事相处时，难免会出现一些矛盾、产生一些误会。如果不懂退让，不懂包容，过于争强好辩，就会让彼此之间产生距离和隔阂；反之，则可以大事化小，小事化了。

1. 要得理让人

与人发生争执、冲突时，如果确实是自己有理，也要主动给人台阶下，给别人留点面子。这样同事才能信任你，在遇到困难和挫折时，别人就会主动帮助你。如果能够做到这一点，你不仅会在道理上战胜别人，更会在情感上战胜别人，赢得别人的信任和尊重。

2. 要宽容别人

如果同事误解了，不妨换位思考，假如你自己处于这种情况，会如何应付？当平时关系不错的同事伤害了你时，想想他往日在工作中对你的帮助和关怀，这样，心中的火气、怨气就会大减，就能化解矛盾、和好如初。

“你的心理素质怎么这么不好？”——乐观心态

工作中，一个人的心理素质好坏是非常重要的。心理素质差的人，对自己没有信心，遇到问题的时候会神情紧张；而心理素质好的人，则会永远带着自信的光环，做事轻松自在。乐观是成功的翅膀，如果想让自己在职场中做出成绩，就要让自己拥有乐观心态。

在职场中，很多人的心理素质都不是很好，他们悲观厌世，对自己也没有足够的自信，总是瞻前顾后，生怕一不小心犯了什么错，被同事和上司责骂，杨梅就是这样的。

大学毕业后，杨梅在父母的帮助下进入了一家公司做秘书。刚进公司的杨梅不爱说话，平时总爱低着头，不管做什么都是小心翼翼的，同事们都以为她是刚进公司的原因比较腼腆，所以都没在意。

经过长时间的接触，大家发现杨梅还和刚进公司一样，一点变化也没有。平时，只有别人主动和她打招呼，杨梅才会说几句话，而且说话的声音特别小，说完话就红着脸低着头赶紧走开。

每次经理安排完工作，杨梅总是一头大汗地走出去，半天定不下神儿来。做工作的时候，杨梅总是心中不安，总觉得哪儿没有做好，生怕出现什么错误，总得检查好几遍才能交差。

不可否认，案例中的杨梅心理承受能力是比较差的。由于心理素质不佳，一旦遇到事情，杨梅的大脑神经就会紧张起来，不敢有半点松懈，生怕一个不小心做错了事。可是要知道，无谓的过度紧张不但不利于事情的解决，有时反而更容易在紧张的状态下做出错误的决定。如果杨梅能够培养一个稳定的乐观心态，具备良好的心理素质，工作中就不会那么紧张了，反而会感到很是轻松，这对她来说才是最重要的。

乐观是希望的灯塔，能够指引人们从危难中走向坦途，可以让人们得到新的希望，不断实现自己的理想。反之，如果没有保持乐观的心态，做事战战兢兢，心理素质也是很难得到提升的，更难获得较好的成绩。

刘莫爽大学毕业后，应聘到一家房地产公司做销售。虽然刚开始的时候，什么也不懂，可是天生乐观的他并没有觉得生疏，更没有悲观绝望，因为他相信自己，相信自己可以做得很好。

刘莫爽每天都会早早地来到公司，遇到同事就热情地和他们打招呼，没过几天就和公司的同事们混熟了。聊天中，刘莫爽知道了公司里做销售业绩最好的几个人，于是主动去向那几个人学习销售方面的经验。闲暇时间，刘莫爽还会认真研读关于销售方面的书籍。

功夫不负有心人，没多久刘莫爽便逐渐掌握了销售方面的知识和门道。刘莫爽试着做了几单生意，得到了意想不到的收获。刘莫爽的信心更足了，越做越顺手。

经过自己的不断努力，半年之后，刘莫爽的销售业绩已经名列前茅，很多同事都钦佩不已，领导也很赏识他。

刘莫爽的故事再一次提醒我们，乐观的心态是人际交往的基础，是工作顺利的保证，对一个人的职业成长起着积极的作用。只有用乐观的眼光看待周围的事情，你才会对自己充满希望。

培养稳定的心理素质，拥有乐观的心态，是迈向成功的阶梯。那么，怎样才能拥有这种心态呢?

1. 学会转移不良情绪

所谓转移情绪，就是把注意力从引起不良情绪的事情转移到其他事情上。在工作的过程中，难免会遇到一些让自己感到困惑的事情，难免会生出一些烦恼和苦闷，有些人会郁郁不乐，有些人则会大发脾气。其实，当你心情不好的时候，完全可以换个环境，做一些自己平时感兴趣的事，比如，看电影、散步等。或者参加一些有意义的活动，让自己的心情获得片刻的开心。这样，就可以把自己的不良情绪赶走，心情也就平静和稳定了。

2. 拓宽自身的兴趣

兴趣是培养良好的心理素质的重要条件，事实证明，一个人的兴趣越广泛，生活就越丰富多彩、越充实、越有活力，适应能力也就越强，心理压力就会越小。因此，要在工作之余逐渐拓宽自己的兴趣爱好，如学学插花、学学厨艺等。

3. 树立信心悦纳自己

当一个人感到自卑的时候，会让自己痛苦、懒惰和退缩，而自信的人却可以不断奋发和前进。因此，工作中要不断给自己树立信心，遇到问题的时候，要从容不迫，通过对事情的全面分析，找出问题的症结，制定出相应的对策。

除此之外，还要学会“悦纳自己”，不管是自己的优点还是缺点，也不管是否做出了成绩，都要积极接纳自己。因为只有完全接纳了自己，冲破了心理障碍，才会对自己的工作充满信心和热情。

“你怎么不相信同事？”——信任心态

信任就像一条纽带，联结着众多的心灵。信任又像一朵花朵，需要友爱作为空气，真诚作为阳光，关心作为雨露，只要得到滋养就能绽放。不相信同事，不仅会让同事远离你，你也会让自己失去很多快乐。要想让自己在团队中获得好人缘，就要拥有信任心态。

今天，随着职场激烈的竞争，人与人之间的信任越来越少。为了个人暂时的利益，很多人在职场中丢掉了对别人的信任，朱晓阳就是这样的一位。

朱晓阳大学毕业之后，应聘到一家跨国公司。朱晓阳对自己很有信心，为了能很好地表现自己，每天都努力地工作。可是，朱晓阳却以自我为中心，不相信同事。

在朱晓阳的心里，任何一个同事都是不值得信任的，他只相信自己。与同事合作的时候，朱晓阳总是对同事左叮咛右嘱咐，生怕别人出了错，自己也被牵连。看到朱晓阳不信任自己，很多同事都不愿意和他合作，关系慢慢也疏远了。

朱晓阳通过自己的努力，为公司做出了不小的成绩，领导本来要给他升职，可是一想到他对同事都不信任，这件事情也就被搁置了下来。

案例中，朱晓阳的能力是有目共睹的，可是他却是一个疑心很重的人，他不相信同事，不信任同事的能力，自然也就得不到老板的认可。任何一个人都不喜欢和不相信自己的人交往，职场中，如果你不信任别人，别人怎么会相信你？只能让自己陷入孤立。

其实，在工作中，像朱晓阳一样的人有很多，如果你也拥有这样的不良心理，一定要引以为戒，及时改正。如果同事之间缺少了信任，整天都处在猜疑之中，不仅会让同事远离你，还会让自己整天都处于紧张的气氛中。朱晓阳如果能够对别人增加一点信任，走出不信任别人的怪圈，就能让自己的职场之路走得更加顺畅。

信任是建立同事之间良好关系的基础，是公司成功的关键，也是员工发挥潜能的关键。同事之间失去了信任，怎么能团结合作？因此，在职场中，拥有信任心态是必需的。

1. 主动一点，积极一点

在和同事交往的过程中，不应该等同事信任你之后，自己再去信任同事；应该采取实际行动，真诚对待对方，主动表示信任，让他们认为“你是值得信任的”。只有这样，才能与同事建立起牢固的信任关系。

2. 敢于相信，不乱猜疑

在职场中，很多人都会用自己的“保护色”来遮掩真实的自己，这就为同事之间的相互信任造成了障碍。为了冲破这道隐形的围墙，就不要随便猜疑同事，要相信同事的能力、热情，信任对方，以诚相待。

“放低姿态，不做高傲的大公鸡。”——归零心态

> 在职场路上，每当实现了一个近期目标，优秀的员工都不会自满，他们会用积极的心态迎接新的成功；他们会用一种归零的心态，把原来的成功当成是新的起点，继续努力。如果想要获取更多的知识、技能以及更大的成就，就必须学着放低姿态，拥有归零心态。

什么是“归零心态”？有这样一个故事。

古时候，有一个佛学造诣很深的人，去拜访一位德高望重的老禅师。

老禅师的徒弟接待了他，可是来访者看不起这个徒弟，态度傲慢，不屑一顾。

片刻之后，老禅师走了出来。老禅师亲自给这个人沏茶，热水一点点倒入杯中，杯子很快就满了。可是，老禅师依然不停地倒。

这个人搞不明白了，问：“大师，为什么杯子已经满了，还要往里倒？”大师说：“是啊，既然已经满了，干吗还倒呢？”

访客终于明白了。

这个故事告诉我们，要想做好事情，就要拥有好的心态；如果想要获取更多的知识、技能，获得更大的成就，必须定期给自己的内心清零。这就是“归零心态”的最早来源。

归零心态的本质就是挑战自我，永不满足。优秀员工通常都具有归零心态，他们不会沉迷于过去的业绩，会不断调整自己适应新的变化。

张耀辉本来在一家公司做经理，可是公司前段时间因业绩不佳倒闭了。为了找到一份满意的工作，张耀辉不断地投简历，但是却屡遭碰壁，因为他提出的条件太高了。

张耀辉希望应聘的公司可以给他安排一个好职位，毕竟他也是当过经理的，如果让自己去做一般的职员，他觉得太过屈才。可是，所有的公司都这样答复他：先看表现，再考虑是否进行调整。

张耀辉心灰意懒，可是女朋友却劝他说：“要想有好的发展，就要将过去的统统忘掉，重新开始。”张耀辉明白了，最后选择了一家公司，从销售员做起。

面对这份新工作，张耀辉把自己当作了一个新人，他不断学习、不断进取，通过自己的不懈努力，很快就做出了成绩。试用期刚过，公司就让他当了销售主管。

张耀辉的故事告诉我们：只有放低姿态，拥有归零心态，才能完成工作，才能做出更多的成绩。如果总是沉迷在从前成功的回忆中，是很难有所进步的。

“月盈则亏，水满则溢”，要想制胜职场，首先要做到的就是放低姿态，在实践中不断学习新知识。所有的一切都只能代表过去，只有把过去的一切都自动归零，从头做起，不断地总结经验教训，才会让自己不断提高，才能让自己梦想成真。

1. 忘记过去、否定过去

“归零心态”实际上就是一种对过去的积极否定，特别是过去的成功。优秀的员工一般都具有这种心态，他们会舍弃自己的过去，不断接纳新事物，以轻松积极的心态去面对工作，轻松地去迎接新的挑战、开拓未来。

2. 保持永不满足的心态

工作中，当一个目标实现了之后，绝不能自我满足；满足了，就会停滞不前；只有不满足，才会促使自己不断学习、不断进步，做出更大的成绩。

要想在职场做出成绩，就要保持永不满足的心态。只有把之前的成功当作是新的成功的起点，才会出现新的目标，才能登上一个崭新的高峰，才能获得更多的成功乐趣。

3. 培养自己不断学习的能力

今天，知识更新的速度越来越快，不进则退。行走在职场之路上，要想用旧的经验平稳地行走是不可能的，只有不断地学习新知识，才能让自己不断进步。只有拥有“空杯心态”，不停地倒掉大脑中的浑水，才能让你超越他人。

下篇　如何管，员工才快乐

第十章 恩威并济，才能收到奇效

“对下属说话要有礼貌。”——魅力影响

魅力是由里往外散发出来的，是一种不受年龄限制的气质和风度。管理者的魅力，既是个人能力、思想境界和品行修养的综合表现，更是一种无形的管理力量，拥有一种权力难以达到的、心悦诚服的拥护和影响力。因此要想令下属信服，首先就要做一个有魅力的人。

不论是老板，还是部门管理者，都希望得到下属的拥护和爱戴。可是，在实际工作中，一些公司领导往往不注意说话方式，对待下属不礼貌，这种态度是非常要不得的。

这里有一段某贸易公司业务部经理与员工的对话。

李经理：“张涛，赶快来我办公室一趟！”说完，李经理又回到了自己的座位上。

张涛急忙赶过来，问：“李经理，您找我？”

李经理有点生气了：“看见你，我就气不打一处来。你看看上个月的

个人业绩统计，别人都完成了任务，你是怎么搞的？”

张涛解释说：“李经理，您别生气，上个月我妈生病住院了，我请了一个星期的假，在医院陪床，业绩受到了影响。我也不想请，可是家里确实需要人。”

李经理打断了他：“行了，别找理由了。谁的父母不生病，要是全公司的人都像你一样，今天张三请假，明天李四请假，公司怎么受得了？索性都回家陪床算了，还上什么班？”

张涛低着头，眼圈有点红。

李经理呵斥道：“看把你委屈的，你是少爷啊，还不能批评了。我说错了吗？”

李经理对张涛进行了训斥，因为张涛没有完成规定的任务。李经理自认为行使了管理者的领导权力，显示了个人的地位，却没有从员工角度考虑问题。要知道，用这种方式对待下属，不懂得倾听下属的解释，只会给下属带来伤害，削弱下属工作的积极性，继而降低管理效率和个人威信。

优秀的管理者通常都善于与下属沟通，容易得到下属的支持和爱戴，会促使员工为创造更大的价值而更加尽心地投入工作。

李红大学毕业不久，应聘到一家公司做业务员。由于没有什么工作经验，公司安排她先跟着老业务员实习一段时间。李红知道，自己和他们有很大的差距，感到压力很大，情绪很低落。王经理了解之后，决定找她谈谈心。

这天中午，王经理轻声地走到李红的办公桌旁，温和地说：“你好，李红，你现在有时间吗？我想找你到我办公室聊聊工作，可以吗？”李红答应说："行，王经理。"

李红怀着不安的心情来到王经理的办公室，有些坐立不安，她以为自己出了什么问题。可是王经理却给她倒了一杯水，请她坐下来谈。

王经理想让李红紧张的情绪放松下来，就说："李红，不用紧张，我就是想跟你聊一聊，先坐下来喝口水。前一段时间我挺忙的，没有太多注意你，现在想看看你有什么需要我帮助的，我会支持你的。"

李红小声地回答："王经理，我觉得我做不好业务，感觉差距挺大的。"

王经理鼓励她说："李红，不要有太多的压力。你刚大学毕业，做业务经验不足，在工作中遇到困难是很正常的事。要想成为一名优秀的业务员，是需要时间的，不是谁上来就能做好的。就连我也是从业务员做起的，刚来公司的时候也是什么都不会，全靠老业务员传帮带。所以，现在你也不要有什么顾虑，安下心来跟着师傅虚心学。"

李红的心情好多了："王经理，谢谢您，我担心做不好，会失去这份工作。"

王经理宽慰她说："李红，你这点放心。我们既然录用了你，就会培养你。只要你用心学，不断努力，我相信你是不会让公司失望的。我都对你有信心，你还担心什么？"

李红与王经理谈完后，心里的包袱卸下了，工作也有了热情，在老业务员的耐心帮助下，通过自身的不断努力，很快就做出了成绩。

案例中，为了打消李红的顾虑，王经理真诚地和她进行了沟通。

常言说："好言一句三冬暖，恶语伤人六月寒。"如果管理者能够真诚地对待员工，不仅可以激发出下属的工作热情，友好地化解分歧并找到解决问题的良策；还会把一些成熟的思想传递给下属，从下属身上找到闪光点，得到下属发自内心的尊重与拥护。

人格魅力是领导者道德风范、知识修养、心理素质、仪表等方面的综合体现，是一种权力之外的对他人的影响力，可以悄悄地深入人心。“以力服人者，非心服也，力不瞻也；以德服人者，心悦诚服也。”古人在这段话里讲的就是人格的力量。

每个人身上都有自己的闪光点，这种闪光点会吸引身边的人，让身边的人感到愉悦，感到一种积极向上的正能量，从而会更加渴望向其靠近。很多企业之所以能够成功，管理者的人格魅力发挥了极大的作用。

一个具备个人魅力的领导者，不仅会关心下属，和员工打成一片；还会让员工感受到企业的温暖，增加对企业的忠诚度。这样，员工就会劲儿往一处使，才能做出成绩。综观各大知名企业的成功，无一不跟领导者的个人魅力有关。作为一名管理者，想要成功，首先就要提升自己的个人魅力。

“关心一下你的下属。”——软硬兼施

每位上司都希望能够在下属面前树立威信，从而得到下属的拥护。作为管理者，要想得到下属的认可，就要懂得为下属着想，用关爱打动下属的内心；相反，不注重维护员工权益，不仅会失去人心，更会让公司利益受损。一定要将奖励和惩罚有效结合起来，为员工谋幸福。

有这样一则寓言。

一天，北风和南风想比一比，看看谁的威力大。北风说：“你看，路

上走过来一个行人，谁能让他脱掉身上的大衣，就算赢。”南风笑了笑，同意了。

于是，北风立即呼啸起来，一时间寒风凛冽，冰冷刺骨，可是那个行人并没有将身上的大衣脱掉，反而把大衣裹得更紧了。

南风看到这里，慢慢地吹动起来，他轻柔地吹拂行人的脸庞。行人感到越来越暖和，越来越燥热，不由自主地解开了纽扣，继而脱掉了大衣。

这时，南风用扬扬得意的姿态，向北风宣告——我胜利了。

这则寓言告诉我们，绝对的严厉和强势的领导确实可以树立威信，可是这种态度只能指挥员工，却不能融入员工；适时的亲和力、婉转的处事手段，才能让管理者更快地贴近员工，让员工对其产生由衷的信赖和支持。因此，优秀的管理者一定会温和、严厉同时兼用。

王经理在一家医药公司做市场部经理。他觉得，个人的能力有限，要想取得良好的业绩，必须加强员工的团队意识，多关心和帮助员工，只有凝聚大家的信心和智慧，才能取得成绩。

在日常的工作中，王经理经常会组织全员开展业务大讨论，认真倾听大家的发言和讨论，鼓励大家各抒己见。对于员工提出的合理化建议，王经理经过向公司申请，还会给予一定的物质奖励。虽然奖品东西不贵重，但是这样做却有力地调动起了员工的积极性和主人翁意识。大家心往一起想，劲往一处使，工作热情高涨起来。

为了锻炼大家的团队意识，王经理还组织大家开展户外拓展训练。通过这样的集体活动，不仅让下属调节了身心，还在活动中强化了员工的团队意识，为工作中的相互配合奠定了良好的基础。在王经理的带领下，公司的销售业绩直线上升。

在管理下属的过程中，单纯地依靠“软”或“硬”手段都是不行的。优秀的管理者都知道，最高明的管理是软中有硬，软硬兼施、刚柔并济。西方将这种管理方法总结为一句格言：“胡萝卜加大棒。”拿破仑说得更形象：“我有时像狮子，有时像绵羊。我的全部成功在于：我知道什么时候我应当是前者，什么时候是后者。”

常言道：“得民心者得天下。”要想让公司获得长足的发展，就要为员工谋福利，得到员工的拥护，凝聚员工的向心力，激发员工的创造力和主人翁热情，这是公司取得成功的管理秘诀。公司的财富，不仅是经济的回报，更是人的财富。只有不断稳定人心，不断激发员工的潜力，才能为公司取得更多的成绩。

“做一个正直的人。”——正人先正己

正人先正己！要想带领好下属，就要先从自身做起，保持做人的基本品格——正直。常言道：“立业先立德，做事先做人。”不管做任何事，都要先从做人开始。要想赢得下属的信赖，就要做一个正直的管理者，在下属面前树立起良好的形象。

对于一位管理者来说，人品的优劣关乎公司的存亡。现代管理学之父彼得·德鲁克曾经说过：“如果管理者缺乏正直的品格，那么，无论他是多么有知识、有才华、有成就，也会造成重大损失。”没有正直的品格，就没有职业道德，也失去了做人的道德底线。

李海在一家网络销售公司担任人事部经理，是家人眼中的“能人”。一天，一个亲戚又找上门来，托他给家里孩子安排个工作。巧的是，最近一段时间公司代理了一家知名网络设备生产商的产品，正在招聘设施安装和销售人员，由李海全权负责。

李海知道，公司对招聘人员的要求很高，不仅要有本科学历，还要有一定的工作经验。亲戚家的孩子只有高中文凭，按照公司要求根本没有希望。可是，为了不得罪亲戚，他便利用手中的权力做了些手脚。

李海编造了一份亲戚家小孩的个人简历，通过个人关系伪造了学历证明，将这个孩子安排到了市场部。可是俗话说得好：没有不透风的墙。很快，公司内部都知道了他们之间的亲戚关系。

员工表面上装作什么也不知道，内心里却对李海的意见很大，工作热情大减，对公司新业务的发展造成了恶劣的影响。

为了给亲戚家的孩子安排一份工作，李海伪造了学历证明，将其安排了进去。其实，在我们的身边，像李经理这样以权谋私的事情并不新鲜。

任何一个人都有私心，如果只图自己方便，必然会对他人造成伤害。作为管理者，如果办事不公正，是很难得到下属的信任和拥护的，只会制造内部矛盾，影响内部团结，危及公司利益。

作为管理者，要遵守职业道德准则，公正办事，一视同仁。常言道：“正人先要正己，无私才能无畏。”管理者就是员工的一面镜子，要想管好人，就要先管好自己，严于律己作表率。

“正直”是一名优秀管理者身上具备的最根本的品质。那么，如何才能成为一名正直的管理者呢？

1. 强化责任意识

作为一名管理者，要有强烈的责任意识。不仅要对上级负责，更要对下属负责。责任就是动力，有责任感才能更加自觉地投身工作。作为团队的管理者，首先就要对下属负责，不仅要尽心尽责地履行职责，还要时时刻刻提醒自己。

2. 严格要求自己

要想管好下属，首先要从自身做起，严于律己。上梁不正下梁歪，自己行为不端正是很难令众人信服的。管理者要淡化权力观，带领好自己的团队，不断凝聚团队的力量，提升管理能力；要不断强化自我约束和外部监督，以自我垂范来影响下属，从而树立起自己的威信。

3. 维护下属利益

管理者要有服务员工的意识，主动维护下属的利益。手中的权力是用来服务员工的，绝不能以权谋私。要想赢得员工的信任和拥护，就要深入到员工中去，倾听员工的心声；要多站在员工的立场考虑问题，维护员工的正当权益。

“自己都做不到，怎么管别人？”——以身作则

事实证明，管理者只有以身作则、带头示范，才会给员工传递出积极的信号，形成良好的工作氛围；如果管理者不能遵守公司规定，带头违法纪律，员工就会上行下效，造成不良的风气。作为管理者，只有自我严格要求和约束，才能管理好员工。

管理者担负着领导员工的重任，只有言行一致，才能树立威信。如果只说不做，言行不一，就会失掉人心，难以领导下属，就会给下属造成不良的示范，起到反面作用。

周经理是一家医药销售公司的采购经理。虽然只是个部门经理，但是由于和老板有亲戚关系，因此公司里的每个人都不敢得罪他。平时，他总会摆出一副高人一等的架子，经常会利用手中的权力让下属为他服务。

按照公司规定，所有的人员，不论是普通员工，还是经理，都要统一佩戴胸牌和穿着统一工作装。给下属开部门例会的时候，每次周经理都要告诫员工：要遵守公司的规章制度。可是，他却可以穿着便装，不佩戴胸牌，自由出入公司。下属们对他都很有意见。

在职场中，领导者如果像上面说到的周经理一样，只想以权压人，对

下属大施号令，不仅会引起员工的强烈不满；还会败坏内部风气，造成人心涣散，给正常的工作秩序带来严重的影响。

管理者，只有以身作则，给员工树立一个好的榜样，才能不断激励员工，增加内部的团队精神。要想让员工做到，管理者首先要做好，就是起到良好的带头作用。

孔子曾明确地提出：“其身正，不令而行；其身不正，虽令不从。”如果自身端正，不用强令下属执行，他们也会照做；相反，如果自身不端正，即使使用强制的手段让下属执行，下属也是不会诚心服从的。

作为管理者，只有亲为才能了解员工的工作情况，理解员工的思想活动，给员工传递出工作的积极信号。火车跑得快，全凭车头带。能够以身作则的管理者，是员工心目中的模范。周经理的故事充分证明：行胜于言。要让员工做到，管理者就要以身作则做榜样。

1. 遵守职业道德

在职场中，管理者要严格遵守职业道德，这是最基本的行为准则。有了职业道德，才能按规矩办事。管理者要想带好下属，就要自觉按照职业道德标准来严格要求自己。己正才能正人，有了良好的职业道德，就会对下属产生潜移默化的影响，形成良好的工作风气。

2. 低调做人、高调做事

管理者要学会低调做人，与员工平等相待。手中的管理权是用来为员工提供服务的，绝不是以权压人、以权谋私的工具。在具体工作中，要身先士卒冲在前面，要和员工一起努力奋战，吃苦在前，享受在后；绝不能脱离员工，摆出一副高高在上的姿态。

3. 用行动感染员工

说到不如做到，只有用行动才能证明一切。作为管理者，要想让员工服从，就要以身作则，积极行动。榜样的力量是无穷的。管理者一旦做出表率，员工就会竞相仿效，内部自然就会形成良好的工作风气了。

"不要言而无信……"——兑现承诺

诚实守信是做人的基本道德标准，是建立良好人际关系的基础。管理者只有坚守这条做人的准则，言而有信，兑现承诺，才能得到下属的信任，树立良好的威信；相反，轻言承诺而不兑现，会让下属感到失望。一旦对管理者充满不信任感，怎么会心生拥护？

要想建立下属的信任感，就要遵守诺言，做到言而有信。如果做不到这一点，就会削弱在下属心目中的影响力，打击下属的积极性，造成恶劣影响。

李经理是一家电器销售公司的销售服务部经理，可是他平时根本就不关心业务方面的事，整天只想着如何讨好上级领导、升职。如果下属向其汇报：有些问题需要协调解决。他只会向对方保证：一定会仔细研究。可是，绝大多数都不能真正落实到实处。

一次，李经理到公司下属的营业部检查工作。营业部主任向他反映说：

“由于产品配件周转时间太长，客户维修等待的时间太长，他们对售后服务很不满意，您能不能向上面反映一下情况，抓紧研究解决。”李经理听到之后，答应说：“好，我一定会将这个问题反映给上级。”

主任很受鼓舞，满怀心喜地等待李经理的答复。可是一个月过去了，结果依然没有出现。看着问题拖着不能解决，主任只好给李经理去电话，希望抓紧解决这个问题。李经理回复说：已经向上面反映了，正在研究解决方案。

就这样，一拖就是好几个月，主任给李经理去过好几次电话，每次的答复都是一样——正在研究解决方案。

其实，李经理一直都没有向上面反映这个问题，他怕给上面领导找麻烦，引起领导的不满。他之所以要答应主任研究解决，也仅仅是一种托辞。

渐渐地，营业部主任就知道了李经理的处事方法，他也学着用同样的办法应付客户。结果，产品的销售量很快就下滑了。

李经理不能兑现承诺，不仅损害了个人威信，还给公司效益造成了损失。作为管理者，言而无信是很危险的，不仅会让下属失去信任，更会造成上行下效的严重后果，最终损害公司的利益。

管理者要想得到下属的信任，就要信守承诺。著名的香港实业家李嘉诚先生曾经说过：“如果要取得别人的信任，你就必须做到重承诺，在作出每一个承诺之前，必须经过详细的审查和考虑。一经承诺之后，便要负责到底，即使中途有困难，也要坚守诺言。”

有些管理者把许诺作为表面激励员工的手段，不考虑是否能兑现诺言；为了激励员工努力工作，他们会随意许诺。可是要知道，一旦不能兑现承诺就会伤害下属的自尊心，打击他们工作的积极性，让下属对管理者产生反感情绪。

作为管理者，要讲诚信，守诺言，这是做好管理的基本要求。一旦向对方许下诺言，就不能轻易失信，要克服一切困难来兑现承诺。只有对下属遵守承诺，才会得到下属的信赖和拥护。

第十一章　授权与控权相结合

“你怎么管得这么宽？”——管得少才能管得好

被管理者要有所为，有所不为。该别人“代劳”之事，要分解任务到人，并明责授权，责权相等。一旦分工、明责、授权，管理者就要少插手，要多支持下级大胆工作；不要事无巨细，事必躬亲；“亲自”未必就好，做了不该做的事，往往会挫伤员工工作的积极性。

在现实中，每个员工每天都要做出很多管理者无法监控的事情，即使是一个能力很强的管理者，也不可能管理所有的事情、掌握所有的细节。从管理的角度来讲，一个成功的管理者是下属的教练，更多的是教导和监督下属怎么做，而不是自己做。如果一个教练总掌握着方向盘而不让其他人接触，那么，怎么能培养出合格的驾驶员呢？

王建霞在一家规模比较大的公司做人事经理，本来是一个不错的岗位，可是偏偏遇到了一个事必躬亲的上级。

对于人事上的每件事情，王建霞的上级都要亲自过问；对于出现的问题，上级也喜欢亲自解决。这让王建霞感到很苦恼。

工作中，只要出现什么问题，上级总是说她办事不力。王建霞有口难辩，明知是上级不放手让自己做，却只能默默忍受。

一年下来，本来对工作充满激情的王建霞，对工作却失去了信心。工作上也没什么成绩，只是原地踏步，个人能力更是无从提高。

对于事必躬亲的管理者，下属也许会遵从命令，但他们绝不会将其看做是一种关心或者好意，反而会被认为是多管闲事。

在管理公司的过程中，有些公司管理者经常会感到很“累”，为什么会出现这种情况呢？其实，绝大多数都是因为“事必躬亲”或追求“尽善尽美”，这些领导者担心公司会出现这样那样的问题，整天忧心忡忡。其实，越是这样，公司越是爱出麻烦。为了应对这些麻烦，领导者到处奔波，可结果却收效甚微。

事必躬亲的管理者大多都追求完美，他们不相信别人，有严重的焦虑感。他们对什么事都放不下，只有自己亲手做才觉得踏实；如果不能亲手照顾到每一个细节，他们就会坐立不安。在我们身边，这样的管理者有很多，不管员工在哪个角落里做什么工作，他都可能悄无声息地出现在员工背后，然后接过员工手中的工作。

这样，不仅会让管理者自身感到疲惫不堪；而且，还会让下属失去很多锻炼的机会。每个员工都希望能得到发展和锻炼，而工作就是最好的锻炼机会。如果管理者事必躬亲，员工的个人能力怎能得到提升呢？

从一定意义上来说，上司也是老板的下属。换位思考一下，如果老板对你的管理工作事事都过问，你会怎样？工作的时候，给下属提供一些标准、方法、目标、过程之后，要鼓励他们自己去完成，你只要看结果就行了。

相信下属会做好，既是对下属的尊重，也是对自己的尊重。不管在什么时候，都不要认为自己是管理者，是所管理的团队里最厉害的。不要自以为是地认为，你是团队的管理者，必须掌握团队的一切。事实证明，你越是想掌握全部，就越是掌握不了。

“将这篇文稿打印出来，一个小时后交给我。”——明确指令

上司指令不明确很容易使下属事倍功半，甚至是无功而返。作为一名上司，只有指令明确才能使下属找准方向，顺利完成任务。因此，在给下属下达命令时，要尽量做到清晰、无异议，不能模棱两可，最好不要出现“可能”“也许”之类的字眼。

做上司的，只有指令明确才能使下属找准方向，顺利完成任务。因而管理者在给下属下达命令时，要尽量做到清晰、无异议。

小西所在的公司打算搬到北京海淀区一栋大厦里，公司将整个工作安排给了她，由她负责业务谈判、订立合同，以及与家具商、装修公司联系等相关事宜。

按照计划，公司搬完家需要四个月的时间，但是就在小西正在选址时，公司来了一位新总监。总监认为：四个月内搬完家效率太低，让他们在两个月内搬完。

经理找到小西，要求她尽快完成搬迁工作。小西知道搬迁工作应该加速进行，但她觉得无论如何也不可能在两个月内完成。于是，她请求经理

给予帮助，可是经理却说："你先做几个方案，我们再研究！"

小西回去后，便制作了几份完成工作的时间进度表，修正后交给了经理。经理看来看去，觉得效果相差不大，于是对小西说："几套方案没大的差别，你自己选一个决定吧！我会尽量为你争取时间。"

小西听经理这样说，有些为难，她本来是想要一个明确的指示，结果还要自己选取。但是，以她对上司的了解，如果问得不耐烦了，很可能会终止自己的任务，另找他人接手。一想到任务易主，小西有点不甘心，于是她几经比较，终于选取了一套方案来执行。

可是搬到一半的时候，经理忽然找到小西，说："你是怎么搞的，竟然用 ×× 装潢公司？总监对我说，他的办公室装潢太差，不仅材料不好，风格也不是他喜欢的，马上换装潢公司！"

小西傻眼了，她对经理说："不是你让我任选方案执行的吗？我选 ×× 公司，也得到你的默许了啊！"经理一听，生气了："你的意思就是我错了？你在敲定方案的时候问过我吗？"

小西无言以对，只好又找了一家装潢公司重新装潢，结果不但工程要延期，还要赔偿 ×× 公司的违约费。小西感觉没有成就感，工作的积极性也没有之前那么高了。

管理者指令不明确容易使下属事倍功半，甚至是无功而返。案例中，经理没有给出明确的行动方案，结果在工程进行到一半的时候小西不得不重新换了装潢公司，致使工程延期，还损失了一笔不必要的开销。

面对威严的上司，下属可能不敢过多地追问自己听不清楚、弄不明白的地方，只能凭着自己的经验和直觉来猜测上司的真正意图，可是这个"意图"很有可能与上司的真实意图相去甚远。所以，下属在执行过程中就会出现偏差。为了避免偏差，管理者在下达命令时就要将自己的意思表述明白。

中国人说话的时候，一般都比较含蓄，什么事情都不愿意明讲，这种行为方式在不同程度上就把事情复杂化了。话说得不明了，他人理解起来就会出现偏差，彼此之间就容易产生误会。在给下属安排任务的时候，最好不要太含蓄，更不能含混不清，否则很容易给下属造成困扰，得不到想要的结果。

“××的业绩很突出，从今天开始就是小组长。”——找到合适的授权对象

真正的好领导，懂得授权之道，即使很长时间不在公司，公司都能照常运行。在选择授权对象的时候，要认真、综合考虑。下属也是人各有志，不可勉强，要把权力授予愿意接受的人。

授权的时候，将权力授给哪个人呢？这是每个管理者都应该明确的一个问题。如果将权力授给了不合适的人，轻者会给团队带来不利影响，严重者会给整个企业带来危害。这是每个管理者都应该重视的，一定要先找到合适的对象，再授权。

这段时间，陈霞被一个问题困扰着——选谁来当小组长呢？

陈霞在一家广告公司担任经理，他们部门主要负责广告的宣传。为了便于管理，陈霞将自己的部门分为两个小组，每组分别由一个小组长带领。一个星期前，一组的小组长交了辞职报告，陈霞必须在最短的时间里重新

选出一个小组长来接替他的工作。可是，该选谁呢？

在第一小组里，确实也有一两个能力比较突出的人，而且该小组长辞职之前也向她推荐了一个人。这个人就是李冰，是个工作认真的年轻人，为小组创造了不少业绩。可是，老板也给她推荐了一个人，这个人叫赵爽，是老板的侄子。

陈霞知道，如果按照能力来看，李冰最合适；可是，如果选了李冰，就会得罪老板。因此，这件事一拖就是一个星期。眼看大限已到，陈霞最终决定宁可得罪老板，也要找一个适合的人选，因此她最终选择了李冰。

这天早上，陈霞来到部门，宣布了自己的人事任命："李冰的业绩很突出，从今天开始就是小组长。从今以后，你们一定要服从管理，积极配合！"第一小组的人都知道李冰的能力，也知道李冰是当之无愧的人选，因此对陈霞的选择心生佩服。唯一不服气的就是那个老板的侄子——赵爽。

当天下午，老板将陈霞叫到了办公室，办公室里老板的侄子也在。老板说："你能说说为什么不选赵爽吗？"陈霞以为老板来跟她算账的，心里一惊，可是一想到这是自己的职责所在，就说："赵爽来我们部门只有半年时间，在这半年的时间里，他确实进步很多。可是，李冰已经在我们部门待了两年，而且，平时工作努力，成绩突出，是个可信赖的人。"

听了陈霞的话，老板对他的侄子说："听到了吧，你要看到自己的不足，如果想当小组长，就拿自己的成绩说话！我支持你们经理的决定，你要好好跟部门的人员学习，不能给人家穿小鞋。"

赵爽听到这里，说："开始的时候，我也想当个小组长，沾点官气。于是，就跟我舅舅说了，让他帮帮忙。李冰的工作能力是大家有目共睹的，今后我一定会好好和他学习，支持他的工作。”

看到侄子表了态，老板笑呵呵地说：“陈霞，我没有看错你！你以工作为重，选择了合适的授权对象，这是对的！至于我侄子，他一定不会给你捣乱的！放心工作吧！”

案例中，面对成绩突出的赵冰和老板的亲戚，陈霞选择了赵冰。不可否认，陈霞的判断是正确的。选择合适的授权对象，将权力下放给合适的人选，才能为公司带来业绩。

管理者在授权的时候，一定要注意授权对象的承接力。如果你想让授权有效，体现出成果，必须要经过精挑细选，选择合适的员工。可是，对于管理者来说，用什么样的方法去发现优秀人才呢?

1. 克服“我的周围没有好的人才”的想法

职场中，很多管理者都认为在自己的身边没有优秀人才，自己身边的人都不堪重用。这种想法是不利于授权的，在选择授权对象的时候一定要克服“我的周围没有优秀人才”的想法。

（1）态度要真诚。有些管理者在寻找授权对象的时候，仅仅是迫于组织的压力或市场经济的潮流，其实他根本就不想发现人才，根本就不想授权；有些管理者甚至会担心一旦将权力下放会掩盖住自己的光辉，夺取自己的权力。

在选择合适的人才进行授权的时候，态度一定要真诚。授权，既不会威胁到自己的利益，更不会打击你的自信心。这是管理者首先应注意的。

（2）从组织内部找找看。一般来讲，管理者通常都会到三个地方寻找有用之才：组织内部、其他的组织、专业人才培训机构。可是事实证明，在授权的时候，从组织内部选择人选是最合适的。首先，组织内部的人才比较熟悉组织的情况，容易投入工作；其次，可以激励组织的其他成员积极工作。

（3）确立客观的人才评价标准。选择授权对象的时候，要制定一个可以遵循的标准，不能黑猫白猫一起抓。只有遵循一定的标准，找到合适的人才，才能进行授权。

2. 不要陷入人才选拔的误区

在选择授权对象的时候，有些管理者经常会陷入一些误区。

（1）完美主义。有些管理者在寻找人才时，希望能够找到十全十美的人，追求“完美主义”。不可否认，任何一个领导者都希望自己选择的人能力突出、关系良好，可是一味地采用完美的标准会妨碍管理者发现尽可能多的人才，因此在选拔人才时，制定的标准应该适度。

金无足赤，人无完人，尤其是在现代社会分工高度发展、知识专业化的情况下，制定选人标准的时候必须体现出专业和分工的要求；即使是统率全局的人才，也是各有所长、各有所短的。

（2）委曲求全。有些管理者在制定标准的时候，要求太低，这样就容易走进选拔人才的另一个误区——委曲求全。如果标准设置的太低，符合条件的人数必然很多，管理者就很难找到真正合适的人才，那么标准本身也就毫无意义了。

（3）急功近利。今天，在选择授权对象的时候，管理者都会提出这样的要求：具备 ×× 学历、有 ×× 年相关工作经验、有 ×× 项职业资格证书、有一定的客户基础……这样的标准一旦制定出来，授权就成了少数人的天下。这样一来，许多有能力和潜力的人不得不知难而退，人才的选择面也会变得越来越窄。

其实，选拔人才的时候，除非特殊需要，大可不必把学历、工作经验、资格证书，尤其是客户资源等作为硬性标准，因为这些未必能代表一个人的真实能力；相反，如果能详细考察候选人的思维习惯、心理状态、行事风格、决断能力等潜在素质，才能找到合适的人选。

3. 不要授权给不合适的员工

哪些员工不适合授权呢？主要表现在以下三方面：

（1）员工对授权的工作或岗位没有兴趣。如果员工喜欢从事具体的专业工作，不喜欢管理，强行安排他来负责某个管理岗位，员工就容易在内心出现抵触情绪，授权的初衷也就失败了。

（2）员工暂时没有达到授权的工作或岗位所需的要求。如果公司刚刚招聘了一批新人，管理者就不能在这些人群中挑选经理，因为他们还没有达到此岗位所需的要求。只有经过时间和实践的检验，才能找到合适的人员。

（3）员工对授权的工作或岗位一无所知。有些公司“病急乱投医”，会随意安插一些从来没有做过财务、对财务一窍不通的营销人员担任财务要职，甚至还美其名曰“多用复合型人才”，这样做是万万使不得的。

选择授权对象的时候，必须选择在合适的时机，授权给合适的人员。不能“乱点鸳鸯谱”，授权给不合适的员工，这样不仅会给自己的工作带来不便，还会对未来的工作造成恶劣影响！

“有的同事越权了，怎么办？”——纠正越权

在职场上，有时候会出现“越位”现象。一旦下属发生越权行为，要慎重地根据不同情况、采取不同的方法加以纠正。当然，一般来讲，如果没有出现重大的突发事件，为了让工作尽快步入正常轨道，管理者还是要把下属的越权消灭在萌芽状态。

有这样一个故事。

有一次，韩昭侯饮酒过量，不知不觉便醉卧在床上睡着了。手下典冠担心他着凉，便找掌管衣物的典衣要了一件衣服，盖在了韩昭侯身上。

几个时辰过后，韩昭侯终于睡醒了。他发现，自己身上盖了一件衣服，觉得很暖和。他打算表扬一下给他盖衣服的人，于是问身边的侍从：“是谁替我盖的衣服？”侍从回答说：“是典冠。”

韩昭侯的脸色不好看了，他把典冠找来，问：“是你给我盖的衣服吗？”典冠说：“是的。”

韩昭侯又问：“衣服是从哪儿拿来的？”典冠回答说：“从典衣那里取来的。”

韩昭侯又派人把典衣找来，问：“衣服是你给他的吗？”典衣回答说：“是的。”

韩昭侯严厉地批评了典衣和典冠说：“你们两人今天都犯了大错，知

道吗？”

典冠、典衣两个人面面相觑，韩昭侯指着他们说：“典冠，你不是寡人身边的侍从，为何擅自离开岗位来干自己职权范围以外的事？典衣，你作为掌管衣物的官员，怎么能随便利用职权将衣服给别人呢？这种行为是明显的失职。如果大家都像你们这样随心所欲，整个朝廷不是乱了套吗？因此，必须重罚你们，让你们接受教训，也好让大家都引以为戒。”

于是，韩昭侯把典冠、典衣二人一起降了职。

职权统一、不错位是公司管理的一大原则。如果像案例中的典冠和典衣一样，擅离职守，越过了自己的权限，即使自己的初衷是好的，也是会受到批评的。擅作主张，不仅是对上司的不尊重，而且还可能架空上司的权力，使管理出现不利因素，甚至混乱。

在足球场上，如果你跑到了不该跑的地方，裁判会毫不犹豫地鸣哨暂停比赛；在职场上，也存在这样的“越位”现象。可是，职场不像竞技场，如果不及时维护自己，管理者的权力根基就会被削弱，职位也会岌岌可危。

对下属“越权”，管理者要具体问题具体分析；要冷静处理，不要草率而定。

1. 看看下属

对于那种出自正当动机而“越权”的下级，应该先表扬后批评，肯定其积极性，指出“越权”的危害。这样，下属才会被管理者的公正、体贴、实事求是所感动，才能领悟到应该发扬什么、克服什么。

2. 检讨自己的行为

首先，要认真分析。想一想，作为管理者，你的工作是否已真正到位？

有没有因为某些疏忽给下属可乘之机。

其次，找准下属越权的动机所在。是利欲熏心、恣意妄为，还是出于公心、过失所在？不同的动机，要区别对待。

（1）如果是前一种动机，则要杀一儆百，加强管理力度，维护管理者的权威；如果是后一种动机，要酌情处理，根据越权造成的危害程度，让下属承担起相应的责任。

（2）如果下属确实是出于工作责任感和进取意识而做出了某些职权范围之外的事情，管理者要表示理解，但也不必大加赞扬，要用自己的行动表明自己的立场。

（3）如果下属的才能确实已经大大超出其职位的要求，确实需要一个更广阔的发展平台，管理者就要采取公正态度，适当调整职位，以发挥下属的才干。

第十二章　激励员工，提高员工的工作积极性

“多劳多得……”——建立合理的薪酬制度

管理者要有尊重员工劳动成果的意识，注重员工的劳动与收入分配的合理性，按照市场经济下的公平分配原则，通过“多劳多得”的薪酬管理原则，增强员工的主动性，实现公司的健康发展。如果薪酬制度不合理，员工的积极性就会降低，工作主动性就会减弱。

对于管理者来说，没有公平意识和长远发展观，就会出现潜在的内部危机，产生严重的后果。特别是一些中小公司，如果内部薪酬管理不合理，劳动与收入没有按照“多劳多得”的公平分配原则实施，就会引起严重的员工与管理者的劳资矛盾，不仅会损害员工的权益，严重者还会损害公司的利益。

周亮在一家广告公司做网站设计。在外人眼里，搞设计应该是一个不错的职业。可是他所在的这家公司在人员管理方面很不到位，员工得不到公平的待遇。

周亮大学学习的就是广告设计专业，当初来到这家公司，本以为找到了合适的岗位，可以发挥自己的专长，为以后的发展铺好路。可是没有想到，跟他想象的不一样。

公司的员工每天都懒懒散散的，即使是坐在电脑前，也是想其他的事情。领导安排任务之后，每个人都是不紧不慢的，直到最后一天他们才会赶时间完成工作任务。开始的时候，周亮还为公司鸣不平。

为了给大家留下一个好印象，周亮在完成本职工作的同时，还经常利用特长为公司维修电脑、办公设备，帮忙做广告后期制作，有时还要搬运东西。可是渐渐地，周亮发现，做得再多再好也没什么回报，开工资的时候自己的还是那些。慢慢地，周亮的工作态度也就没有那么积极了。

案例中，周亮的老板是个很现实的人，只希望员工为自己工作，却不考虑员工的利益。员工之所以要为你工作，其中一个重要的原因就是工资。如果能够制定出合理的酬薪制度，让员工劳有所得，他们的积极性才能调动起来；只顾个人利益，制定的薪酬制度不合理，必然会损害员工的利益，这种做法得不偿失。

公司的良性发展，需要用各种健全、合理的机制来保障运行，只有通过薪酬制度，才能调动员工的积极性；只有利用人性化的工资调节机制，才能激励员工的主动性和热情。如果管理者能够采取“多劳多得、各尽所能”的管理手段，让员工心服口服，必然会取得良好的效果。

雅兰是一家餐饮公司的老板，在当地很出名。说起她的成功，人们都会说一些外在因素，如菜品质量、服务水准、装饰风格等，其实最重要的是她的科学管理。

在公司刚刚成立的时候，雅兰就深入到了员工中，和员工一起聊天。她发现，很多员工都是来自农村家庭，家境不好，渴望通过辛勤的努力挣到钱。为了让大家多挣钱，雅兰与公司管理层一起研究讨论后，制订了一套人性化的员工薪酬激励方案。

方案规定，厨师可以钻研厨艺，销售的菜品达到一定的业绩可按比例分成；饭点开始初期，洗碗间的师傅可以帮忙传菜，既不影响正常工作，又能多劳多得；员工可以提出一些合理化建议，一经采用就给员工奖金鼓励；前厅的服务员一旦受到客人的赞扬，也会给予奖金……总之，在这里工作，只要敬业，想多挣钱就能实现。

在公司，员工的工作充满了激情，每个人都下工夫钻研和学习，都想通过劳动得到经济回报。在大家的努力下，员工的收入得到了大幅增加，公司的效益也快速增长，雅兰的内心充满了喜悦与信心。

雅兰的管理经验告诉我们：员工是一切财富的创造者，管理者要尊重他们。

优秀的管理者一般都懂得换位思考，他们会积极为员工谋利；为了充分调动员工的积极性，他们会通过人性化的薪酬激励制度让大家多挣钱，只有这样才能发挥员工的主人翁精神，来为公司创造更大的财富。

那么，如何来实施“多劳多得”的薪酬制度呢？

1. 保证公平

管理者要平等对待员工，让每一位员工都能平等地享有通过多劳动来获得更多报酬的权利。如果“暗箱操作”，有偏有向，仅仅会让一部分人得利，而损害多数人的利益，引起严重的内部矛盾。只有坚持公平原则，才能调动广大员工的积极性，凝聚起团结的力量。

2. 绩效考核

“多劳多得”不仅是表面的体力劳动，还应包括脑力劳动。管理者要积极引入绩效考核，用高效率的管理来指导员工的劳动价值观，加强人力资源配置与整合；要通过业务钻研，实现技术创新和改革，提升工作效率，创造出更多的成绩。

3. 制度合理

管理者在制定薪酬管理制度的时候，要充分考虑员工的利益，倾听员工的心声，加强与员工的沟通，实现民主协商制度；同时，要加强人力资源的合理化管理，按照“人尽其才，各尽所能”的人事管理原则，让员工充分发挥自己的能力，创造出更多的劳动价值。

“功过不能相抵……”——奖惩分明

内部的规章制度是引导和约束员工行为的重要依据。管理者要想管好下属，就要严格落实各项制度，做到奖惩分明，处理公正，给下属树立榜样和教育下属；如果认识不到这个问题，奖惩不明，是很难让下属信服的。

管理者如果对制度化管理意识不强，不能严格用制度管人，就会让规定形同虚设，是很难实现以制度管理促进公司规范化的。特别是在奖惩措施的执行过程中，如果不能严格做到“该奖的奖，该罚的罚”，奖惩措施落实不到位，就会严重影响公司内部的健康运转。

林烨在一家公司任行政部经理，主要负责公司各项规章的制定，监督员工的执行。可林烨并没有严格按制度监管下属。

林烨觉得，在日常管理中，没必要严格执行公司规定，可以灵活掌握。于是，就出现了这样的情况：有的员工业务能力很强，是部门的“业务标兵”，可是不遵守公司的作息时间，经常迟到；有的员工技术水平很高，完成了很多具有挑战性的技术难题，受到了公司的表彰，可是经常在办公室吸烟……

对于这些违反公司规定的情况，林烨觉得都是些小事。他觉得，这些员工都为公司做了很多贡献，如果对他们实行处罚，就会影响他们的工作热情，这些小问题可以不追究。

一些员工给公司提出了改进建议，按照公司规定，可以对员工合理化建议给予一定的奖励。可是，林烨却觉得，这些建议仅仅是一种理想的办法，具体实行起来可能会有差别，就没有给他们一定的奖励。

……

由于林烨不能很好地落实公司的奖惩制度，不能严格地执行制度，很多员工都对他有意见。奖惩措施不到位，公司内部管理也很难实现规范化运转，问题一个个凸显了出来。

案例中，林烨制定了不错的管理制度，可是却没有严格执行。当能力突出的员工违反了公司规定的时候，他没有给予处罚；当员工提出合理化建议的时候，他没有按照公司规定给予及时的奖励……事实告诉我们，这种做法是非常错误的。

对员工进行管理，落实制度的时候，要平等对待大家，每个人都要遵守，谁也没有特权，这是落实制度的基本要求。可喜的是，一些管理者能严格执行内部规定，奖惩落实到位，实现了良性发展。下面故事中的韩军就是其中的一位。

韩军在一家网络公司任技术部经理，不仅对自己要求严格，在管理下属的时候，也是坚持按公司制度办事，严格落实奖惩制度，奖惩分明。他认为，公司的制度只有得到落实才能发挥效力。在制度面前人人平等，不能讲情面。

韩军非常注重人才的培养，在他的建议与参与下，公司出台了“技术人员奖励制度”，鼓励员工技术创新。技术部有一位软件开发工程师，他的技术水平很高，带领研发小组经过攻关，设计出一款具有领先技术的网络游戏软件。韩军执行了公司的奖励规定，代表公司给研发团队颁发了技术创新奖牌和奖金。

同时，韩军在日常的管理中也严格落实公司的处罚规定。有一次，技术部召开了一个项目讨论会，张工事先未说明情况来晚了。韩军在会上严肃批评了他，并按规定给予处罚。会后，他将张工叫到办公室，说：“我知道，这样做让你觉得丢面子，可是公司的制度不落实就是一纸空文，在制度面前人人都要遵守。”最后，张工理解了韩军的用意，消除了误解。

在韩军规范化的管理下，技术部员工不仅严格遵守公司纪律，而且工作热情高涨，取得了很多创新成果，以技术领先占领市场。

韩军在管理下属时，态度鲜明，奖惩分明，公正处事，让员工认识到公司的制度是不容破坏的。韩军的管理经验告诉我们：制度是铁的纪律，管理者只有严格执行奖惩制度才能管好下属。

管理者不能按制度管理，就等于告诉下属，可以不遵守管理制度。一个军队，没有严明的纪律会打败仗；一个公司，失去了严格的制度，不能公正地用制度管理员工，也会在商场上失败。那么，如何来执行奖惩制度呢？

1. 公平原则

只有保证办事公平，才能让人心服，得到下属的信任。只有公平处理，才能将管理制度真正地落实到位。在管理下属时，优秀的管理者都不会有偏有向，因为他们知道，不公正、不严肃地执行制度不仅会损害员工的利益，更会损害公司的长远利益。

2. 合理原则

公司制定的奖惩制度，目的是激励员工，约束员工的行为，促进公司的规范管理。管理者在具体制定制度时，要学会换位思考，主动考虑员工的利益。管理者要深入员工中，倾听他们的意见。事实证明，只有符合各方利益的制度才能管好员工。

3. 落实原则

再好的制度不能严格执行，也等于一纸空文，起不到规范管理的作用。管理者要充分认识到执行的重要性，这是对管理者的基本要求。常言道：“态度决定一切。”管理者对于制度的态度决定了管理的效果。只有把奖惩制度真正落实到位，管理者才是对公司负责任的。

“我相信你能做得很好。”——信任激励

建立信任关系，是做好沟通的桥梁，对于管理者来说，更是树立威信的基石。信任是一种鼓励，会给对方精神上的支持，让对方增加信心与力量。要想领导好下属，就要与下属建立良好的信任关系，鼓励他们做好，使得下属更坚定地拥护你。

管理者不能以权压人，如果只会发号施令，就会令下属反感，容易产生抵触情绪，不能真正地发挥领导作用。所以，能否建立信任关系是管理者能否领导下属的关键。如果管理者不会用鼓励来与下属建立信任关系，只会施加工作压力，是很难在下属面前树立威信的。

赵冬在一家广告公司任设计部经理，在工作中他经常指责下属，觉得批评对下属是帮助其改正不足，促进其进步。他从来都不会换位思考，不懂从员工的角度理解下属的感受，不能与员工建立互信关系。

赵冬对一些业务能力不强的员工总是不放心，怕他们出问题，处处都要监督他们。一次，下属张涛给一位客户做设计，由于沟通不到位，理解上出现了偏差，设计的效果没有达到客户的标准。接到客户的投诉，赵冬严厉地批评了张涛。从那以后，赵冬分给他的业务逐渐减少，业务提成自然降低了很多，张涛很不开心。

张涛找赵冬理论，结果又挨了赵冬一顿狠批：“你的水平不行，需要加强训练，我不敢让你接太多的活儿，怕出问题影响公司的业务。”张涛觉得，上次确实是自己的问题，以后多注意点就能避免发生失误，不至于减少他的业务量。

赵冬在用人上始终抱着怀疑的心态，只要出现问题就认为这个员工不能信任。看到经理不信任自己，设计部的人员纷纷跳了槽。

由于员工的整体业务水平难以平衡，结果很多客户都流失了。

案例中，赵冬本来是想促进下属工作业务能力的提升，但是他不注意与下属的沟通方式，对员工缺少鼓励，结果员工怨声载道。抓好员工的业务能力本无可厚非，但是一味地批评，不注重鼓励，会严重伤害员工的自尊心，打击员工的工作积极性。

张经理是一家销售公司的业务经理。有一次，一名新来的业务员由于对业务不熟悉，缺乏沟通技巧，在与客户沟通的过程中产生了分歧，导致这笔业务没有谈成。

张经理事后了解到这个情况，并没有马上批评这名员工，而是主动热情地把员工请到了他的办公室。这名业务员感到很紧张，心想这回可要倒霉了，肯定要受批评。

可是，张经理并没有批评他，而是把他的一些经验和道理传授给了员工。张经理说，我自己也是从普通的业务员做起，开始也遇到很多和你一样的问题，也是从一次次失败中走过来的，我相信你一样可以做得很好。失败并不可怕，只要肯用心，找到问题的原因并吸取教训，不断积累经验，就会取得成功。

张经理的话，让这名员工备受鼓舞，经过不断磨炼，后来成为部门的业务骨干。在张经理的带领下，公司的业务大幅提升，取得了骄人的销售业绩。

案例中，张经理对员工是信任的，不仅增强了员工的主动性，还为自己树立了威信。信任下属是一名优秀管理者的基本素养，也是管好员工的有效方法。要想管理好员工，就要充分信任员工，鼓励员工。

信任是相互的，你对员工信任，员工才能信任你。在你的鼓励下，员工一定能出色地完成工作任务，不断提升工作热情和主动性。通常，优秀的管理者通常都会这样做：

1. 待人一视同仁

如果只信任可靠的员工或对自己有利益关系的员工，而忽视了其他员工的感受，不仅会造成内部矛盾，还会破坏公司的内部团结。要想得到下属的拥护，就要一视同仁地对待下属。

2. 讲道理，多鼓励

当员工出现问题时，管理者首先要做的不是批评，而是耐心地说教。粗暴的批评，不仅不能说服员工，更会让员工产生抵触情绪。如果你是信任员工的，就要允许他们犯错，让员工从中吸取经验教训。事实证明，只有给员工真诚的鼓励，才能激发出员工的热情，员工才能做得更好。

3. 换位思考，了解员工

信任对方，源于你了解对方。要想管理好员工，就要信任员工，从员工角度思考如何让员工拥护你。管理者只有深入基层，了解广大员工的心声，才会知晓管理的方向和措施，维护员工的利益。

“完成这份工作，允许你们带薪休假3天。”——点燃激情

只有凝聚团队力量才能创造出事业的辉煌，如果失去了员工的支持，管理者将一事无成。一名优秀的管理者一般都会关爱员工，他们会用完善的激励制度点燃员工的工作激情。比如：当完成一个项目后，允许员工带薪休假几天，就是一个不错的决定。

管理者要正确认识自己的角色，管理的目的是为了调动员工的积极性，让员工知道如何才能做得更好。如果内部没有有效的激励措施，员工就会丧失工作热情，无法全身心地投入工作，影响工作的效率。

工程部的主要工作是网络设备的安装和调试，是公司最繁忙的部门，可是李经理却让员工多付出，工程一个连一个地干，完全不顾员工身体是否受得了。

李经理心里自有打算，多干活，给公司多创收，老板就会器重自己，才会有机会往上爬。下属做完一个项目之后，只能享受每周一天的休息日，无其他休假待遇。

由于网络设备销售市场竞争很激烈，为了赢得客户，李经理压缩了工期。员工们不分昼夜地干活，并不是对工作有多少热情，只是迫于李经理

不停地催促。表面上大家没有什么怨言，可背后却叫苦不迭，早已没有了工作干劲。

由于无法忍受高强度的劳动，很多员工都离职了。在职的员工为了能多休息一会儿，只能马虎敷衍，结果工程质量和员工的素质不能得到有效的把控，有些工程很难达到客户的要求，影响了公司的声誉，业务量也逐渐减少了。

多干才能多挣，这个道理大家都明白。可员工不是铁打的“机器”，也需要休息。案例中的李经理只顾个人利益，不考虑员工切身利益的做法，只能让公司的利益受损。片面增加员工的劳动强度，只会让员工疲于劳动，失去工作的积极性。员工没有工作的激情，就如汽车的发动机失灵，是很难取得预期效果的。

懂得激励员工，点燃员工的工作激情，才是管理者的重要使命。一名优秀的管理者，会想方设法激励员工，促使他们对工作保持激情，用主人翁式的工作为公司创造效益。

陈经理不仅有过硬的专业素养，更懂得带动下属的工作热情，用各种激励制度来点燃员工的工作激情。他认为，员工是创造公司效益的功臣，是他们用辛勤的汗水实现了公司的理想；一流的策划项目，不是靠一个人就能完成的，是靠一支一流的团队共同完成的。

为了调动员工的积极性，陈经理向公司领导层请示，希望调整一下带薪休假制度。公司管理层经研究后同意了陈经理的建议，可以作为试点尝试新的激励制度。

新的员工激励制度公布后，策划部的员工无不异常兴奋。大家觉得这个制度比原来的制度实惠得多，只要大家团结努力就能如愿带薪休假，希望就在眼前。

为了享受公司的福利待遇,大家工作热情高涨,信心十足,发挥各自专长,力求策划项目“有新意，上水平”。火一样的热情感染着策划部每位员工，一项项高水平的大型策划项目出炉，得到了客户的认可和公司的信赖。

后来，策划部的新激励制度在公司正式实施，一项制度经过更改得到了良好的效果，全公司的员工用饱满的热情创造了一次又一次佳绩。

“点燃工作激情，成就事业梦想”，这不仅是激励口号，更是管理者的指导理念。陈经理的管理之道告诉我们：激励机制是打造优秀团队、创造工作佳绩的利器。

关爱员工，用合理的激励制度调动员工的工作热情，用员工的激情促进公司的活力，是每一个管理者都应该做到的。那么，如何才能有效激励员工呢?

1. 真诚鼓励

鼓励是一种最廉价的激励，是最常用的方式，也是很有效的方法。当员工在工作中遇到困难时，管理者一句真诚的鼓励如同雪中送炭，正是时机。鼓励就是信任，会让员工充满感激之情，燃起内心的热火，加倍努力工作。

2. 带薪休假

通过带薪休假，可以让员工放松一下紧张的神经，给身心一次调养，不仅对个人有利，更能调动起工作的热情。只有具备了良好的精神状态，才能全身心投入工作。给员工适当的休假待遇，不仅可以让员工体会到对自己劳动的尊重，还能有效提升工作效率。

3. 薪资提升

员工最关心的就是个人收入，他们之所以要努力工作，一个重要的原因就是希望能加薪。通过绩效考核与薪资奖励挂钩，会最大限度地调动起员工的积极性，提升工作效率。要想形成内部高涨的工作干劲，管理者就要从广大员工的利益着眼，制定合理的加薪激励制度。

4. 岗位晋升

给员工希望，才能抓住人心。职业规划对于每一位职员都非常重要。有了目标，就有了努力的方向。管理者要针对员工的各自特点，给大家制订出一套完善的培训计划，通过有吸引力的岗位晋升制度来激发员工的求职欲望。

“谁没犯过错误，改过就好。”——不计前嫌

人都有优点和缺点，都会有犯错的时候，出了问题，只要找出问题的原因，及时吸取教训并改过就好。管理者要体谅下属，下属如果犯错，就要多一些包容，给下属悔过自新的机会。事实证明，给别人一个改错的机会，会为自己树立更高的威信。

当下属犯了错误的时候，有些管理者只会一味指责，不会主动帮助下

属找到出现问题的原因。人往往只会看到别人的问题，而忽视自身存在的问题。当管理者训斥员工的时候，实际上自己也在犯错。没有体谅之心，不仅会打击员工的积极性，更难在下属面前树立威信。

孙经理在一家广告公司的设计部工作，在管理下属方面，他“严”字当头，认为只有对员工严厉，才能让员工少犯错，同时还能显示出管理者的威风。

一次，设计师小张由于疏忽大意，没有与客户核对广告设计样图，做出的广告成品出现了严重的问题，最后不得不返工。

孙经理得知后，非常恼火，把张涛叫到办公室一顿狠批。他气愤地说：“你怎么搞的，有没有脑子，连这么低级的错误都会犯？你知道不知道给公司造成多么大的损失，很有可能丢了客户……”

小张也非常懊悔，低着头一句话也不敢说。陈经理根据处罚规定，给小张进行了处理。小张感到公司的制度很不合理，渐渐对工作失去了热情，后来离开了公司。

公司的发展离开了员工，是很难有美好的未来的。每个员工都会犯错，如果不给他们改过的机会，不能用平等的眼光和换位思考的角度对待员工犯错，就会给管理工作造成很多困难。

不给员工改过的机会，会打击员工对工作的热情，造成恶性循环，最终影响公司的利益；要想领导好员工，优秀的管理者都会允许员工犯错。

王经理知道，员工是公司的宝贵资源，为了调动员工的工作热情，他想了很多办法。

一次，业务员小孙由于疏忽把销售产品的价格搞混了，弄成高价低卖，给公司造成了损失。王经理知道了这件事情后，并没有立即责备小孙，而是把他叫到办公室了解情况。

小孙也很自责，心想这回经理一定会严肃处理他。他向王经理陈述了事情的经过，指出："咱们公司在业务员的管理方面有些不到位，最好制定一个产品销售价格说明册，发给每位业务员……"

王经理诚恳地说："为了维护公司制度的严肃性，根据公司的规定应该罚你二百元。但是，你的错误也提醒了我，你刚才的建议很好，说明你动了脑筋，我决定奖励你二百元。"

其实，王经理并无心非要处罚员工，他是想用这种特别的处理方式给员工一次改过的机会。小孙很感激经理的谅解，工作热情更高了，经过努力，后来成为了一名业务能手。

案例中，当发现员工犯了错误的时候，陈经理没有大声呵斥，而是给了员工改过的机会，不仅增强了员工的工作热情，更通过查漏补缺优化了内部管理。

为了提高员工的工作热情，当发现员工犯了错误之后，管理者要以教育感化为主，多劝少罚，帮助员工分析原因，找到避免再次发生问题的措施。通过批评教育，让员工真正认识到错误的危害性，积极改正。

陈经理的管理之道启示我们：管理者只有给员工犯错改过的机会，才会增强公司的生命力。

1. 逆向思维找不足

管理者要学会逆向思维，从事情的反向来分析问题。员工犯错，虽然是个人的工作问题，如果只是按规定处理就算了事，往往治标不治本。看似个别事件，往往隐藏了管理的漏洞，管理者要通过及时的补漏，逐渐提升管理的科学化水平。

2. 做事要保持公正

只有处理公正，才能令人信服。管理者在处理员工犯错时，要坚持公平原则，不能凭借个人好恶，掺杂个人感情。只有依靠员工才能将自己的管理作用充分发挥出来，要想在员工中树立威信，管理者就要秉公办事，严格落实公司的各项管理制度。

第十三章 尊重员工，给他们以自信

“不能堵上员工的嘴巴。”——鼓励畅言

能够让人自由自在谈话的管理者，才是受欢迎的。在这种管理者手下工作的员工，可以将心中的想法表达出来，可以将心中的不满完全透露出来，转而以开朗的态度工作。如果想成为一名优秀的管理者，就要鼓励员工畅所欲言。

管理者只有认真倾听下属的意见，才能让他们体会到自己的重要性。当管理者倾听员工意见的时候，就给予了他们最宝贵的资源——时间。在这个过程中，他们会觉得自己很重要，进而会乐于接受工作，积极支持管理者。

有一天，经理汉斯在办公桌前埋头完成一份重要的报告，员工小葛走进来，说：“我能否和你谈一谈。”汉斯说：“没问题。”然后，汉斯继续写报告。

一分钟后，汉斯抬起头来，发现小葛没有说话。小葛正坐在椅子上，耐心地等他完成手边的工作。汉斯要他说明来意，但小葛说：

“我等你。”

汉斯说：“没关系，我在听。”小葛回答：“你没有在听。”听到小葛的话，汉斯感到十分惊讶，他放下笔说：“我现在工作很忙，但是我可以一边工作一边来听你说。”

可是，小葛却走了出去，汉斯感到很疑惑。让他感到更加意外的是，第二天小葛就离开了公司，并把本来要告诉他的一个非常重要的市场信息告诉了他的竞争对手。

案例中，小葛之所以要离开原来的公司，就是因为当他想和管理者进行沟通的时候，对方却摆出了一副心不在焉的样子。小葛的自尊心受到严重伤害，觉得自己没有必要为这样的公司工作，于是便选择了离开。

在公司的发展过程中，如果规模越来越大，涉及的事务也会越来越杂，参与的人员更会越来越多，这就需要公司管理者要学会倾听员工的声音。

员工的话不一定就是真知灼见，但一定是肺腑之言。人称“经营之神”的松下电器公司前总经理松下幸之助有句口头禅：“让员工把不满讲出来。”他的这一做法，使管理工作多了快乐，少了烦恼；人际关系多了和谐，少了矛盾；上下级之间多了沟通，少了隔阂；公司与员工之间多了理解，少了对抗……

真话无价，但是真话难得，世界首富比尔·盖茨鼓励员工畅所欲言，他说：“如果人人都能提出建议，就说明人人都在关心公司，公司才会有前途。”成功的管理者一般都会想方设法让员工将“真心话”掏出来，使公司的各项管理做到有的放矢，从而有效避免因主观武断而导致的决策失误。那么，如何让员工畅所欲言呢？

1. 营造“百家争鸣”的民主氛围

管理者要尊重员工，信任下属，要给员工有发表意见的机会，做到知无不言，言无不尽；然后，管理者要通过对意见的分析整理，发现公司存在的问题，寻找公司发展的新思路。

在职场中，有些管理者秉承传统的管理手段和观念，束缚住了员工的手脚和思想，使员工很难将心里话说出来。开讨论会的时候，管理者一般都是主持人，会第一个发言，起到抛砖引玉的作用，可是很多时候却会给整个讨论会定下调子。大家的思维都被锁定在管理者框定的狭窄胡同里，即使个别人有不同的观点，也不愿当面提出。

要想改变这种状况，管理者就要有意识地矫正团体的思维，创造畅所欲言的氛围，批评说假话取悦领导的行为。在开讨论会时，要运用领导的艺术，既不定调子，也不圈定条条框框，这样，大家才可能畅所欲言。

2. 学会倾听员工的声音

调查表明：80% 的管理者都不善于倾听。可是，要知道，如果缺乏有效的倾听，会让管理者错失良机，产生误解、冲突和拙劣的决策；有时候，如果问题没有及时发现，还会直接导致危机的出现。

只有当员工发现，自己谈话的对象是一个倾听者时，他们才会将自己的建议说出来。这样，管理者和员工之间才能创造性地解决问题，而不是互相推诿、互相指责。

（1）听下属在说话的时候，首先要专心，不能三心二意；其次，可以通过一些非语言的行为，如眼睛接触、放松的姿势、友好的脸部表情和宜人的语调，建立起积极的倾听氛围。

（2）要对下属的需要表示出兴趣。不仅要对对方的话表示理解和尊重，还要以关心的态度倾听。在倾听过程中，最好不要喋喋不休地问问题，否则会让对方感觉很难受。

（3）不要让先入为主的思想禁锢了对方的思想。要对下属所说的事情、意见和建议进行客观分析，努力营造一个公平、融洽、交流、探讨的讨论氛围。只有这样，员工才会毫无保留地向管理者袒露心扉，把真话说出来。

“这个……我不知道。”——尊重隐私

对未知与秘密的探究是人的天性，而对他人隐私的守护是做人的责任与底线。如果你不能尊重员工的隐私，任意宣扬，那么，员工也会以“礼”相待，还你一个苦果子吃。凡事多替下属考虑，铺就的却是你自己的路。

隐私是一个人的权利问题，侵犯员工隐私就是在侵犯员工的权利，尊重员工的管理者都会尊重他们的隐私。

大学毕业后，小林应聘到一家杂志社做编辑。第一天上班时用QQ跟男友聊天，旁边同事提醒她：“别聊了，你聊的每一句话老板都能看到。”

小林吓了一跳：“工作时间完全没有隐私吗？”很快，事情的发展就证实同事所言不虚。小林觉得，老板这是在侵犯员工的隐私，于是入职不到一个月的她毅然辞职。

不言而喻，案例中的小林所在的杂志社对员工的网聊记录、电子邮件

内容进行了监控。这种做法是非常不妥的。不论管理者的借口如何冠冕堂皇，都不能成为对员工聊天记录和电子邮件进行监控查看的理由，因为这涉及了员工的个人隐私。

作为一个管理者，要给员工留下正直、仁慈的好印象。也许，一句不经意的话语就会给你引来不必要的麻烦。所以，对待员工的隐私，一定要谨言慎行。

凯莉的儿子生病了，主管想请小西替凯莉到外地出席会议："小西，这次需要出差在外一个星期。我知道你不乐意，但是凯莉的儿子病得很重，需要照顾，我总不能在这个时候让她出差。"小西很不情愿地答应了。

不一会儿，凯莉推门进了主管的办公室："我还以为可以信任你，小西刚刚跟我要会议邀请信，说她很为我儿子的病难过。如果我想让别人知道我儿子的病情，我会自己告诉他们的，用不着你为我四处散布！"

案例中，主管将凯莉儿子生病的事情告诉了小西，凯莉很不高兴，怨气连连。任何一个人都不想成为被别人怜悯的对象，尤其是在职场。凯莉的私事很可能会成为同事津津乐道的谈资，这是凯莉不愿看到的。如果员工真的乐意告诉你一些私事，完全是因为他相信你，相信你处理事情的能力。他不希望你在办公室里大肆宣扬这些私事，如果你这样做了，员工就会觉得你辜负了他对你的信任。

职场中，千万不要谈论员工隐私，即使你是出于一片好心，是为了给他提供帮助。隐私就是隐私，没有得到明确的许可，最好不要把这些事情告诉任何人。

在平时的工作表现中，要多关心员工。如果他们遇到了难以摆脱的烦恼，要给他们以安慰和适当的帮助，保证他们能以一种愉快的心情来工作。

当员工的隐私涉及公司的利益时，你也要以尊重员工隐私为前提。如果你认为，为了公司的利益只能让别人知道，就要向他讲清楚其中的原因，并征求他的许可。

有些管理者喜欢向其他员工打探某人的情况，这种方法是最糟糕的。你可能是出于一片好心，可是你的做法会直接伤害到两个人，一个是被提供情况的人，一个是提供情况的人。作为一名管理者，即使是怀着想帮助别人的初衷，也不能违背当事人自己的意愿。因为，人们对于散布言论者的态度一般都是非常个人化的。

“这个成绩是我们大家一起取得的！”——不要独揽荣誉

员工知道自己做得很好，虽然会继续做下去，但是，也会觉得自己应该得到公司的奖励。不论什么时候，不要仅仅希望员工做出一流的工作，还要在他们真正做到后给予一定的注意、鼓励和表扬。不要让他们觉得，努力工作是理所当然的，要将荣誉分给他们。

许多管理者往往抱有这样的想法，认为对自己的员工表扬过多会对工作造成不利影响。听到的表扬多了，员工们可能会自我陶醉，开始对自己的要求有所放松。因此，有些管理者就会将成绩揽在自己身上。其实，这个结论是不正确的。

露丝领导的团队这个月的业绩不错，她相信自己下个月一定会做得更好，正当她踌躇满志地走进办公室时却听到了下面的谈话：

鲍罗问："丹妮，上次做的报告材料是自我感觉良好呢，还是它真的很棒？"

丹妮回答："我们是提前一个星期完成的，并且分支部门的同行们也对此提出了表扬。我想这应该算一份一流材料了吧。"

鲍罗接着说："我觉得也是。但是你知道吗，咱们经理居然对此一点也没提过。我知道她对咱们要求很高，一直期望我们能够做出一流的工作成绩，但是当我们做出成绩的时候，她至少也应该给我们一些表示吧。"

丹妮回答："据我所知，总监对这项工作很满意，肯定了她的领导水平。"

鲍罗："为什么她就不能同样给我们一个肯定呢？哪怕一个笑脸也好。"

丹妮："是啊，她什么都没对我们说。"

……

正在两个人聊得热火朝天的时候，露丝出现在了他们的面前。三个人一下子陷入了尴尬之中。

如果员工做出高质量的工作，管理者却注意不到，会让下属心生不满，很自然地得出这样的结论：这样拼命地劳动有什么意思呢？连一句好话都听不到，我们辛辛苦苦劳动换来的成绩，管理者却认为是理所应当的。我们真的没必要这么卖力地干，稍微降低一点工作质量也无所谓。

这样一来，整个团队的工作业绩就有可能逐渐下降，能按时甚至提前完成任务的现象也不会存在了。案例中的露丝就犯了这样的一个错误。

如果老板注意到了那项工作做得很好，而且对此也向经理提出了表扬，而经理对员工们却毫无表示，很容易让员工们认为：经理独吞了荣誉，没有把我们的成绩向上级反映。这样一来，经理可能就会成为众矢之的。谁喜欢一个只顾自己的管理者呢?

遇到同样的情景，优秀的管理者一般都会从适当的角度提出自己的看法，比如：“由于你们做出的巨大成就，上司让我对各位表示感谢，他觉得你们对整个公司非常重要。”这样，就会让员工知道，你没有独吞所有的荣誉。

你可以提名对某人进行奖励，或授予他某个荣誉称号；看到员工将某项工作完成得很好时，要及时地给予表扬。虽然你不可能做到完全留意的程度，但一定要注意起来。

如果一项工作完成后，对它的认可和奖励需要几周或几个月后才能做出来，这种表扬的方法就没有任何意义了。在这种情况下，可以以文字的形式落实到书面上，详细地将员工的成绩记录下来，等到工作得到了管理层中所有人的认可后再正式地进行奖励。

“咱们的策划案已经通过，每人奖励200元。”——及时褒奖

在公司管理中，作为一个管理者，要时刻注意到员工的内心需求，注重细小的问题，用好赞赏和激励的技巧，使员工充满激情，为公司的发展努力工作。公司想要赢得顾客，首先就要赢得员工；要想赢得员工，首先就要学会褒奖。

一次，李华和几个同事到外面办事，在一家饭店吃午餐。餐桌上的烧

羊肘子特别合他的口味，他不仅吃光了肉，还拿起骨头来啃。

这时，恰恰被这家饭店的厨师看见，问他："怎么不吃饭，啃起骨头来了？"李华回答："师傅，您烧的肘子实在是太好吃啦，我还没吃够，舍不得把骨头扔掉。"

厨师听了心花怒放，当即走进厨房，端来一个新的烧羊肘子："这盘送给你们，算我请客！"

案例中，赞赏烧羊肘子就是赞赏厨师的手艺，赞赏他的手艺就是肯定他的价值。还有什么比肯定一个人的价值更能让人高兴的呢？同样的道理，如果管理者能够对员工的成绩给予及时的褒奖，员工也会心生感激。

成功的管理者，会努力满足下属的心理需求，鼓励下属发挥创造精神；相反，那些爱挑下属的毛病、靠发威震慑下属的管理者，也许真的能够击败他的下属，但是，一头暴怒的狮子领着一群绵羊，又能创造出什么业绩呢？当员工做出成绩的时候，优秀的管理者都会给予及时的褒奖。

一天，两名保龄球教练分别训练各自的队员，每个队员都一球打倒了7支瓶。

教练甲对自己的队员说："很好！打倒了7支。"队员听了教练的赞扬很受鼓舞，心里想，下次一定再加把劲，把剩下的3支也打倒。

教练乙则对他的队员说："怎么搞的！还有3支没打倒。"队员听了教练的指责，心里很不服气，暗想，你咋就看不见我已经打倒的那7支。

结果，教练甲训练的队员成绩不断上升，教练乙训练的队员打得一次不如一次。

这个故事很明显地体现出这样一个道理，赞赏和批评会产生完全不同的效果。其实，对于每个员工来说，希望得到领导的肯定、赞赏，是很正常的心理需要；面对领导指责时，他会不自觉地为自己辩护，也是正常的心理防卫机制。

研究证明，积极鼓励和消极鼓励之间具有不对称性。受过处罚的人不会简单地减少做坏事的心思，充其量不过是学会了如何逃避处罚而已。“积极鼓励”则是一项开发宝藏的工作。受到积极鼓励的行为会逐渐占去越来越多的时间和精力，员工身上的一个闪光点会放大成为耀眼的光辉，同时还会“挤掉”不良行为。

管理者要了解员工的需求，不仅要对员工加以激励和赞赏；还要把这种需求与公司的发展战略、发展目标、绩效考核等有效地结合起来。

表扬员工的时候，既不要用大道理，也不要拔高，要想使自己的赞扬体现出独到之处，就要在平时多观察、多思考，找出下属值得重视的地方；只要下属做到了，就要赞扬，当他们为之感动不已的时候，工作的积极性自然也就能够提高了。

第十四章 采用合理的方式与员工沟通

“×××，你来一下。”——记住名字

一般来说，员工对自己的名字都是很感兴趣的。如果能记住一个人的姓名，并且能很容易地就叫出来，那么对这个人来说就是一种巧妙而有效的恭维。假如管理者忘了或记错了某个人的名字，就会让自己处于很不利的境地。

记住员工名字，看起来是个小问题，不值得一提，但是在管理工作中，如果忽视了这个问题，却能造成严重的影响。忽视了员工的名字，就等于忽视了员工，让员工带着消极情绪工作结果可想而知。

管理中，王经理只关心业绩，对员工的情况并不很熟悉，更不会用心记员工的名字。

在业务部里有两个人的姓同音，一个姓张，一个姓章，王经理不注意区分，经常出现叫错人的情况。有一次，姓张的业务员把产品报价记混了，和客户谈业务时出现了问题，客人打电话投诉给王经理。他得知后，非常恼火，气冲冲地来到业务部办公室门口，叫道：“小张，你怎么搞的，来

我办公室一趟。”

当时，小张正好不在，小章听到王经理的训斥一头雾水，弄不清事情的原委，但是以为经理确实叫到了自己，便来到了经理办公室。

王经理不由分说上来就是一顿狠批。小章听完之后，意识到不是自己的问题，赶忙向经理说明可能是另一个业务员小张。王经理这才意识到找错了人，虽然表示了歉意，但是在小章的心里却留下了阴影。

为了提醒经理注意区分她们，小章曾经特意提醒过王经理，建议在业务部墙上制作一个员工公示栏，配上照片和说明。可是王经理并没有记在心上，认为是小题大做，自己是领导，没有必要将每个员工的名字都记住。

小章觉得王经理根本就不重视自己，工作也就没有了热情，直接影响到了业务成绩。

案例中，王经理认为员工名字不是管理者应该记住的，所以根本就没有把员工的名字记在心上。结果，当小张出现问题的时候，他错误地将小章当作小张，让小章蒙受了不白之冤。小章的自尊心受到了伤害，工作的积极性也减弱了许多。

其实，像王经理这样的管理者在我们身边有很多。他们不关注员工的名字，认识不到记名字对于管理的重要作用。由于不能准确记住下属名字，经常会发生张冠李戴的事情。如果管理者将下属的名字记错了，或者根本就没记住，都会给下属造成被忽视的感觉。当员工对上司没有信任感的时候，是非常不利于工作开展的。

记住员工名字，是关爱员工的具体体现，更是构建和谐的内部管理有效的措施。管理者要想顺利地开展工作，依赖于员工的信任，而建立信任就要从记住下属名字开始做起。当下属听到管理者准确地叫出自己的名字时，会感到被重视，从而增加对管理者的信任感。

孙总是一家物流公司的老板，虽然公司的建立时间不算长，可是经营的规模却发展得很快。今天，公司已经从几个人的小公司，发展成了拥有上百名员工的大公司。公司之所以能在这么短的时间里取得这样的成绩，主要得益于孙总的管理有方。

孙总平时很关心员工，能够和员工融洽相处。有一次，到货场检查工作，孙总看到工人李俊忙得满头大汗，他立刻从车上取下一瓶矿泉水走到李俊身边，热情地说："李俊，先喝口水，休息一会儿。"开始的时候，李俊还以为是同事，并没有太理会。等他忙完了，转身一看，才发现是公司的老板。

李俊惊奇地问道："孙总，您怎么知道我的名字？"孙总回答说："你来到公司的第一天，我就记住了你的名字。"

由于感激老板的信任，李俊积极肯干，没过多长时间就担任了装卸部门的主管。胜任管理者岗位之后，李俊将装卸部管理得井井有条，得到了客户的高度评价，为公司赢得了良好的声誉，促进了公司的快速发展。

优秀的管理者会把下属的名字牢牢记在心上，只有你心中有他，才能他心中有你。叫出员工的名字，换回的是员工的信任，这比金子都宝贵。孙总在平日管理工作中，善于关注员工的情况，把握员工的信息，把每名员工的名字记得清清楚楚。这样的努力，得到了员工的充分信任，激起了员工高昂的工作热情。

在交往中，我们都希望别人能记住自己的名字，当别人准确地叫出自己的名字时，会有一种被尊重和重视的感觉，有良好的意愿与对方融洽相处。管理者要想与下属建立良好的上下级关系，就要先从记名字开始做起，把员工的名字记准、记牢。

“你看看，这个文档应该怎么改？”——不耻“下”问

作为一个成熟的管理者，是否具备“敏而好学，不耻下问”的素质，非常重要。即使你很有学问，都要有迅速感知、把握、学习、接受新知识、新理念、新方法、新思维的能力。不管你现在的管理职务有多高，都要始终抱有一颗向别人学习的谦虚之心。

有些管理者觉得，我是管理者，怎么可能去找下面的人商量工作，这样会让周围的人觉得自己没有能力管理下属？可是事实证明，这种自以为是的狭隘的个人主义观只会让你失掉人心。作为管理者，如果只会用权管人，就会脱离广大的员工群体，是得不到员工真正拥护的。

李君在一家房地产销售公司当业务经理，她的自尊心很强，好面子，在工作中遇到问题不好意思问下面的员工，怕被人看不起，削弱自己的威信。可是在员工眼中，她过于清高，根本不是大家心中希望的领导，都不愿意跟她多说话。

为了提升办公效率，公司委托软件公司设计了一套内部办公自动化管理系统。老板要求所有的部门经理都要掌握这套系统，所有的内部管理都要在系统中完成。这下可难住了李君，她虽然业务能力强，可是文化不高，学起来自然不如那些年纪小、文化高的员工。

公司组织过一次专门培训，李君认真听，可对一些专业的电脑知识并不能理解。李君不好意思向下属请教，冥思苦想后，决定借内部开会的名义来让别人讲授，借机学习一下。

第二天，李君就召开了一次部门例会。在会上，李君说："现在，公司实现了自动化办公，这对我们大家提出了更多的要求，一定要学会这个软件，提高工作效率。我发现有一些员工还不会使用，我想请李涛给大家再演示一下软件的操作程序，大家一定要认真地听……"

李君虽然努力学，可是毕竟文化底子差，理解得慢，有些操作依然不会用。

这个故事有些可笑，但在现实中却并不少见。像李君一样的管理者，通常都爱面子，为了保住自己的面子，他们一般都会不懂装懂，看似维护了尊严，却疏远了身边的员工。他们总是一相情愿地认为，领导只有摆出一副什么都懂的样子，员工才能服从；如果向下属请教问题，就会低人一等。

放低身架，才能抬高自己。人往往只会看到别人的缺点，而忽略了自身的问题，取人所长，才会进步。管理者如果能经常向下属求教，不仅会拉近与下属的关系，更能为自身树立威信。"金无足赤，人无完人"，谁都会有不懂的地方，只有虚心向别人请教，才能掌握本领，结交朋友。作为管理者，就要有一种虚心好学的精神，做到不耻下问。

有一次，项目部组织开发了一套商业软件。孙经理接到任务后，并没有急于安排任务，而是把大家召集起来，共同研究设计思路和工作安排。孙经理把他草拟的设计说明在会上提了出来，请大家各抒己见。他则一边认真地听，一边作记录。

有一名员工并不完全认同孙经理的主张，说："我们可以借鉴国外的一些新技术，大胆创新提升我们产品的技术含量。"

孙经理不明白这个技术，就认真地向这名员工请教，就像学生向老师求教一样。在这种平等参与的氛围下，大家畅谈各自的看法，提出了很多修改建议。

孙经理经过权衡后，吸收了一些可行的建议，最终制订了一份高水平的软件研发项目计划报告书，得到了公司高管的一致认可。

作为管理者，不仅要为下属树立学习的榜样，更要主动向下属学习。优秀的管理者通常都会发现每位员工的优点，善于学习员工的长处，与员工融洽相处。上面讲到的孙经理，正是因为善于倾听员工的心声和建议，才调动起了员工的积极性，把工作做得更完善、更合理。

用平等的心态与员工交流，主动向员工学习，是一名优秀管理者的基本素养。员工是公司宝贵的财富，是公司发展的原动力。管理者要充分认识到员工的重要价值与地位，深入到员工中去，学习他们的优点，倾听他们的心声，重视他们的意见，虚心接受他们的批评和合理化建议，不断改进自己的工作方法，为员工发展创造机会。

常言道："学无止境！"只有不断学习，才能不断进步。书籍是指引我们取得成功的导师，作为管理者，永远不能满足现状，要与时俱进；要自觉加强理论学习，提升管理水平；尤其是要把理论和实际联系起来，根据实际情况来解决现实问题。

“这是我们一起努力的结果。”——多说“我们”

在人际交往中，“我”字讲得太多并过分强调，会给他人留下突出自我、标榜自我的印象，这会在对方与你之间筑起一道防线，形成障碍，影响别人对你的认同。因此，会说话的管理者，在语言传播中，总会避开“我”字，而用“我们”开头。

在日常的沟通中，有些管理者不注意说话的方式，喜欢说“我”，让员工感到很不舒服。员工是公司创造财富的功臣，没有员工的努力付出就不会有公司的发展。管理者在与下属的沟通中，要注意说话时的人称。不要以自己为中心，忽视了周围人的感受。

李明在一家房地产公司任经理，他非常爱表现，喜欢下属恭维自己。办事的时候，李明通常都是凭主观意识来决定，跟下属交流的时候只会表达自己的看法，从来不把下属的意见放在心上，下属很不喜欢他。

有一回，销售部搞了一个新楼盘发布会，活动举办得很成功，社会反响很好，取得了良好的销售业绩。公司领导非常满意，在饭店召开了庆功宴会。李经理觉得正是向领导表现的机会，在会上他兴奋地说：“我代表销售部，感谢公司领导的关心和支持。我提议，销售部的员工齐唱一首《感恩的心》，表达我们对公司领导的感激之情。”

李明在介绍活动的组织情况时说：“在活动前期，我组织员工进行了深入的市场调研，认真分析了楼市的行情，制定了合适的促销价格；在新楼盘上市发布会筹备方面，我觉得要有创新，在参考了一些类似的活动形式后，觉得采用3D仿真实景演示效果更好，事实证明，我当初的想法是正确的。”

第二天，李经理组织内部召开总结会，说：“这次活动取得了圆满成功，我很高兴，我希望大家不要自满，要继续努力工作；同时，希望大家继续支持我的工作，按照我制定的要求努力工作；最后，我感谢大家的努力付出。”

员工们表面不说，心里并不舒服，觉得李经理只会炫耀自己的管理能力，根本没有把他们放在心上，渐渐地大家的工作热情没有了。

如果只想显示自己的能力，就不是真正的管理者。上述故事中的李明只顾在人前表现自己的能力，而忽视下属的功劳，这样的管理者只能被下属所抛弃。

作为管理者，要懂得维护下属的利益，懂得依靠下属；一旦离开了下属的支持与努力，即使有天大的本事也无所作为。当取得业绩的时候，要说：这是我们一起努力的结果。而不能自以为功劳卓著，在下属或上级领导面前炫耀，把成绩归功于个人的突出领导能力。

李海在一家汽车销售公司担任市场部经理，他经常会对下属说：我们就像是一个大家庭，每个成员都是我们的亲人，我们只有齐心协力，有家的归属感，才能把家维护好。

有一回，为了提升公司代销汽车品牌的知名度，公司计划开展一次汽车文化推广活动。李海接到上面的任务后，马上组织部门员工召开了内部动员会。他向大家说：“刚接到公司的重要通知，为了进一步开拓市场，要求我们部门策划一个汽车文化推广活动，这是公司对我们的考验。我相信，我们的员工最优秀，我们的团队是一流的，我们要用成绩来向公司证明我们的实力。”

经过李海的动员，大家就像要打一场仗，个个斗志激昂，热情十足。经过讨论之后，确定了工作总体思路，明确了各自分工。为了保证活动如期举行，李海与大家一起吃住在公司，大家各显其能，制作出了完善的活动方案。

在李海的带领下，市场部制订的活动策划方案得到了公司的认可。最终，活动取得了满意的效果，得到公司领导赞赏。

公司举行了庆功会，在会上，刘经理激动地说：“市场部是我们的家，我们的努力就是为了我们的家更好，感谢我们的员工，取得了这样好的效果。是我们的员工把公司当作家一样，用主人翁精神创造了佳绩，我为我们有这样的员工而感到骄傲。”

李海的话真诚感人，在场的每一位员工都为之感动。

调查发现，人们每天最常用的是“我”字。为什么人们对“我”字特别关心呢？因为大多数人都喜欢被人称赞，也喜爱称赞自己。因此，你如果想得到你所希望得到的，就要避免与对方争高低，要维护他人的自尊心。

为了使对方的面子不受伤害，千万不要把“我”字挂在嘴上，别说“我公司”，而说“我们的公司”。每个人的内心都或多或少存有潜在的“自我意识”，谁也不愿意被别人左右。如果他认为你是在说服他，那么他的反抗意识就会更加激烈；即使你说得天花乱坠、头头是道，在他眼中也不过是为谋取私利而进行的伪装表演。

经常使用“大家”“我们”等类字眼，会使人感觉到大家均是同路人，是生命共同体，对方就会在不知不觉中认同你的观点。事实证明，自我意识越强的人，越容易被对方这种“我们”的说话策略所催眠。

说话时，把“我的”变为“我们的”，可以巧妙地拉近双方的距离，使对方更容易接受你和你的话。如果在说话中，不管听者的情绪或反应如何，只是一个劲儿地提到“我……”，必然会引起对方的反感；如果改变一下，把“我的”改为“我们的”，就会获得对方的信任，使你同别人的友谊进一步加深。

公司的管理者，就是员工们的领路人，不仅要为员工的利益着想，把员工当亲人般的爱护；还要团结员工，调动起员工的热情，并通过实干创造出业绩。因此，多用“我们”好于使用“我”。

“先谈自己的问题。”——减少会议桌上的推诿攻击

工作中，出现不同的看法是很正常的。发生分歧后，明智的管理者都会先谈自己的问题，他们既不会推诿，也不会凭主观认识来指责对方，攻击下属。作为管理者，需要协调各种立场，当出现矛盾时，要先从自身找原因，先把自己的问题讲清楚，缓和紧张气氛。

有时，管理者也会犯错，但是有些人为了维护所谓的尊严，往往不愿正视问题，经常会把责任推给下属。特别是召开内部会议的时候，有些管理者往往只关注下属的问题，而忽略自身的问题，王瑞就是其中的一位。

王瑞在一家食品厂担任质检部主任，承担着食品安全把关的重任。作

为部门负责人，本应严格按照国家规定和公司规章认真做好部门管理工作，确保食品安全，可是他却疏于管理，出现问题只会推卸责任。

有一次，质检员未能按照国家新出台的食品安全规定检验质量，使出厂的一批产品被食品检验机关查扣，厂里接到了整改和处罚通知。

厂里领导非常重视这件事，经过研究后，为了减少不利影响，专门成立了调查小组。调查组召集质检部相关人员召开了质询会。王瑞为了逃避追究，故意避重就轻，在会上说："发生这样的问题，我感到很自责。我所了解的情况是，当班的质检员小张和李涛没有认真履行工作职责……"

听到主任这样说，李涛有点不满意了，说："培训只是强调要加强食品安全法的学习，但是并没有说到如何按新的安全规定加强检验。"

王瑞辩解道："新的安全规定质检部正在编印培训手册，还没有发到员工手中。这次问题主要是外观包装封口不合格，即使按旧的办法和食品安全法的规定，也是可以检验出的。"

结果，公司对当班的两名质检员给予了处理。但是质检部的其他员工心里清楚，王瑞平时根本就不重视管理，出了问题，只会往员工身上推，员工们都很讨厌王瑞，工作也就失去了热情。

管理者不能正视自身问题，一味地指责下属过失，只会降低个人威信，破坏公司内部管理和谐。王瑞平日管理不严，出了问题往员工身上推，这是不负责任的表现，是管理者的失职。管理者在会议桌上的推诿攻击，只会越管越乱，让下属越来越反感。

这则案例告诉我们，如果管理者不能公正地处理问题，不仅会丧失下属的信任，更会影响内部团结，削弱员工的工作积极性，最终影响公司的发展。

李可在一家传媒公司当策划部经理，他为人低调，做事高调，办事公正。他觉得自己是管理者，对公司要负责，更要对员工负责，工作中一旦出现了问题，他一般都是先检讨自己，主动承担责任。

有一次，公司让策划部策划一场夏季文化活动。由于负责发放礼品的员工疏忽，没有统计准确数量，发放时才发现数量不够，影响了活动的预期效果。

李可发现之后，立即组织部门员工召开了总结分析会。会上，他并没有责备那名出错的员工，而是先检讨自己的问题。李可说："这个活动，我们组织的不够理想，我作为活动负责人，要承担主要责任；虽然之前召开了活动策划讨论会，但是我却忽视了礼品发放环节，没有及时提醒下属要注意核对好数量。在活动实施前，我也没有注重到这个问题，这是我的责任，我在这里向大家郑重地承认错误，是我没有考虑周全……"

听了李可的一番发言，大家心里涌上一股热流，暗自决心努力工作，为李可争光，为集体争荣。

人的价值在于能担当，担当得越多，价值就会越大，这是社会发展对每个人提出的基本要求。在公司中，要想管理好下属，就要有责任感，多从自身找原因。遇到问题的时候，要先检讨自己，敢于在下属面前承认错误。

面对出现的管理问题，如果能够像案例中的李可一样带头做检讨，才是有责任感的优秀管理者。出了问题，管理者首先不能急，要从自身找原因，该负的责任不要推卸。敢于直面自己的问题，才能给员工做好表率。

管理者的态度决定了下属的表现，只有主动承担责任才能避免问题的再次出现。那么，如何才能少出问题呢？

1. 工作要细化

面对一项具体的工作，管理者要制订一项具体的分工计划，把各项工作具体细化成若干小项，并且从流程方面严格把控，把细化后的工作清楚地交代给下属来完成；如果分工不细，交代不清，执行就不会很明确。

2. 责任到人

有了明确的分工后，要按计划把项目落实到各责任人，实行责任化管理，由每名项目负责人具体落实。管理者要制定严格的责任制度，奖惩明确，让下属熟知各自要承担的任务。

第十五章　批评下属有绝招

“你的批评用词怎么老是这一套？”
——批评应因人因事而异

批评的方式有很多种，管理者要根据具体的当事人和事件进行选择。比如，对于性格内向的人可以采用鼓励为主、委婉的批评方式；对于生性固执或自我感觉良好的员工，可以直接地告诉他犯了什么错误；对于严重的错误，要采取正式的、公开的批评方式。

传统上，管理中运用更多的方法是惩罚，通过惩罚来刺激员工更努力、合格地完成工作。身为管理者，一定要掌握批评的艺术，囫囵吞枣地指责下级的错误，往往只会招来对方顽强的抵抗；而因人而异地暗示对方注意自己的错误，则会受到爱戴。

每天，从经理的办公室都能传出大声的呵斥声：“你怎么这么不认真？”“自己的责任还推？”……对于这些，下属已经习以为常了，因为不管你出现了什么错误，经理都会使用同样的语气和语言。每当一个员工被经理叫进办公室的时候，其他员工都会用手将耳朵堵住。

这天，一个老同学来到了他们部门，看到员工们一个个捂着耳朵，他感到很好奇。可是，当他听到从经理室传出来的声音的时候，心里顿时明白了。因为他也是一个管理者！

老同学静静地坐在沙发上，默默地听着。十分钟之后，一个员工从办公室出来，其他员工都将两只手放下来，嘻嘻一笑。老同学起身，直接走进了经理的办公室："一进门就听到你的声音了！"

经理说："这些人整天犯错误，说了多少次了，老是不听？"老同学说："你为什么不从自己身上找找原因？"

经理说："我有什么错？不就是管人吗？"老同学然后就将到办公室看到的一幕告诉了他。这位经理没有想到，自己在办公室训斥人，外面的下属居然会捂着耳朵、偷着乐。

老同学说："我发现，你不管批评哪个员工，都是千篇一律的大骂。每个人都是不一样的，每个人犯的错误也是不同的，你可以采用不同的批评方式……"

经理意识到了自己的问题，从那以后专门研究了批评的方法，再也没有在办公室高声痛骂了。

案例中，经理批评人的时候，都会采用痛骂的方式。员工对于这样的批评方式已经习以为常，甚至还觉得很可笑。批评也要因人而异，每个人对于批评的感受能力和敏锐程度是有差别的，批评的时候，除了要顾及下属们的自尊心，还要对他们的心理和性格进行了解，并考虑对什么下属用什么批评方式。

1. 脾气暴躁的员工——让他们学会控制情绪

有些员工出生在条件不好的家庭，有很强的自卑感。在工作中表现得很认真，也很执着，但不顺利时总认为是其他人故意刁难他，为此经常大发雷霆，甚至会到领导那里“投诉”，给办公室带来浓重的火药味。

当这类员工犯了错误的时候，既不要试图改变他们，也不要敷衍，更不能从中转换话题。动辄发脾气的人感情上通常是不成熟的，要让他们学会控制自己的情绪。也可以尝试着给他们安排一些多见文件少见人的工作，鼓励他们多参与同事的活动，逐渐改正自己的错误。

2. 自尊心极重的员工——多强调“我们”

有些人，领导者提醒他们几句，就会感到心中不安，对工作丧失信心和兴趣，甚至会产生跳槽的念头和行为。这类员工，一般都比较拘谨，总喜欢绷着脸，遇到困难时诚惶诚恐，对上级说话时总是战战兢兢。

对待此类员工，说话时措辞必须小心谨慎，尽量不要从个人角度出发，要多强调“我们”和“公司”。在批评他们工作中的问题时，要多顾及他们的自尊心。有时候，一丝温和的笑容、一句关切的问候，都会增加他们的安全感。同时，应该让他们明白，工作中发生错误，可能是多种原因造成的，不一定与个人能力有关。因此，不必为此感到沮丧。

3. 阿谀奉承的员工——冷淡对待

在许多办公室里，经常会见到一些溜须拍马、阿谀奉承者，他们经常称赞你，会附和你所说的每一句话。对待这种下属，在与他们沟通时，既不要严肃地拒绝他们的奉承，也不要任由他们随意夸张。当他们向你卖弄奉承的本领时，你可以淡淡地回应：“别夸张了。先说说你的问题……”如此一来，他们便不好意思再做“应声虫”了。

4. 急功近利的员工——称赞他们的可取之处

有些员工急功近利，为了个人利益往往会不择手段。批评这类下属，千万不要使用单刀直入式，免得让他认为你是妒忌他的才能，而不接受你提出的任何建议。

当这些人作解释的时候，你可以认真聆听，适当称赞他的表现，表示你对他有某种程度的欣赏。得到你的称赞，他一定会进一步表现自己，那时候，你就可以漫不经心地将自己的意见告诉他了。

5. 自以为怀才不遇的员工——多鼓励

有些员工经常会因为自己的才华不能受到重视而终日叹息，缺乏工作热情和积极性。对待这类员工，千万不要用类似的打击性语言：“你有多少才能？像你这样的人，随便可以找到。”这种语言会使他们感到被轻视，变得更加郁郁寡欢；只有采取积极鼓励的方式，才能让他们有所进步，从而再创佳绩。

“不要当着全体员工的面批评他人。”——私下批评，给员工留面子

下属都会犯错误，批评员工的时候，既要给员工留面子，又要恰当地批评指出，让其及时发现问题，迅速做出反应弥补过失；相反，如果管理者不懂得如何批评下属，当着所有人的面批评员工，就会降低员工的工作积极性，甚至形成对立面，导致人际关系复杂。

作为一名管理者，如果在第三者面前批评某个员工的行为，是绝对不可原谅的。因为用这种方法批评员工，不仅会打击员工的士气，还会使员工产生抵触心理，不利于员工改正错误。在公共场所，巧妙地暗示员工注意自己的错误，更有利于错误的改正。

经理每天都到他的大商店去巡视一遍。一次，他看见一名顾客站在柜台前等待，可是却没有一个售货员接待她。那些售货员都在柜台后面的另一头挤成一堆，彼此有说有笑。

经理一句话都没有说，他默默地站到柜台前面，亲自招呼那位女顾客，然后把货品交给售货员包装，接着他就走开了。

这件事让售货员感触颇深，很快他们就纠正了错误的服务态度。

这个故事告诉我们，若要批评他人，无言的行动，也会产生神奇的效果。

在公共场所，如果一定要批评某人的话，不妨旁敲侧击地暗示对方。对他人进行正面的批评，可能会损毁他的自信，伤害他的自尊；如果旁敲侧击，对方一定会明白你的良苦用心，不但会接受你，而且还会感激你。

人与人之间的面子是互相留的，互相给的。员工也是人，也有自尊，如果你不给他留面子，就算他当时不和你争辩，在以后的工作中也可能不给你留面子。

美国玛琳·凯化妆品公司董事长玛琳·凯批评一个人时，总是单独与被批评者面谈，她绝不会在第三者面前指责他人。她说：“一个管理人员在第三者面前责备某个员工的行为，是绝对不可原谅的。”

每个人在不同的场合，总有自己所扮演的角色。在公司里，必须扮演符合自己职位的角色；在家中，则必须扮演丈夫（妻子）和父亲（母亲）的角色。“撕破脸皮”，只会将事情搞得更糟！

1. 不要当着其他同事的面批评员工

在其他同事在场的情况下，被领导批评和责骂，对下属来说，是很伤心的事情。道理很简单，当着那么多人的面挨骂，下属心里怎么受得了，员工在同事面前的形象已经折损了，面子大失。

2. 不要当着员工所熟悉的人的面批评

批评不应在公众场合进行，尤其是不要当着员工熟悉之人的面。否则，会使对方感到面子受到了伤害，增加他的心理负担，影响批评的效果。当员工受到管理者毫不留情的责骂时，如果妻子儿女正好在一旁，强烈的羞耻心就会涌上心头。

3. 不要当着对方下级的面批评

许多争吵对骂，往往是由于批评的场合不对引起的。批评人，不要当着对方下级的面，或客人的面。否则，对方会认为你是故意出他的丑，使他难堪，继而引起对方公开对抗。

“你说的话真难听。”——批评要委婉含蓄

员工都有这样一种心理，他们觉得，管理者唠唠叨叨，吹毛求疵，十分讨厌。批评员工的时候，要想实现最终的效果，就不要恶语相向，要使用委婉含蓄的语言。

任何员工都不希望被领导声色俱厉的批评，这种批评也不会被他们所

接受。批评员工的时候，态度一定要委婉。

由于固执，小马犯了一个错误，心里感到很内疚。

老板没当面批评他，而是把他叫到办公室说："小马，你犯了一个错误，不过，我以前也常犯此类错误。人们对事物的判断力不是生来就有的，是多年经验积累的结果。我像你这样年纪时，还比不上你呢。不过依我的经验，假如改变一下方法，结果会更好些。"

小马听了老板的话，后悔莫及。为了弥补过错，他工作更加努力了。

批评下属是需要一定技巧的，运用了正确方法，可以得到积极效果，相反，只会使事情更糟。

正面批评下属，对方或多或少会有一定的压力。如果一次批评弄得不欢而散，下属一定会增加精神负担，产生消极情绪，甚至对抗情绪，为以后的工作或沟通带来障碍。所以，每次的批评都应委婉含蓄，这样才能彻底解决问题。

从管理者自身来说，对犯错误的员工抱有一定的同情心，委婉含蓄地指出来，可以使自己练就豁达的胸怀。如果批评得当，不仅不会令人丧气，还会有激励效果。

一天，总经理召开工作会议，只有财务部主任准时到达会场，其他人全部迟到。

总经理非常生气，但他没有批评任何人，只是表扬了财务部主任，高度赞扬了他的守时作风。其他人感到很羞愧，从那以后再也没有人迟到了。

迟到的人当中很可能有人有正当理由，如果不分青红皂白，将他们批评一通，那么有正当理由者必然心中不服，觉得冤枉要申辩。他一申辩，其他人也会纷纷申辩，不但达不到目的，还把大多数人都给得罪了。

其实，在场的人谁也不怕批评，因为有这么多人陪着，又不丢脸，一旦有人申辩，何不跟着起哄？记住：好虎不得罪一群狼。管理者在行使批评手段的时候，千万不要触犯众怒，把所有的人都得罪了，一旦众人联合起来抵制你，你可能就要吃不了兜着走了。

管理者在批评员工时，一定要了解犯错的员工的这种心理，并给予理解和同情。从某种意义上来说，员工发生错误一般都是因为过失造成的，员工故意犯错并不常见。员工因为自己的过失导致工作出错，造成不利后果的时候，通常都有一定的心理压力，这种压力很可能使他的心理处在一种非常脆弱的状态之下。

这种情况下，最妥当的处理办法就是表扬少数，这种含沙射影的方式既扬了正又压了邪，而且你并没有得罪他们。然而对于他们来说，这种方法更使他们羞愧，更使他们认识到你在有意给他们留面子，其效果显然要比正面批评好很多。

“××烦透了，我批评了他一下午。”——批评他人点到为止

> 如果下属犯的不是原则性错误，或不是正在犯错误的现场，管理者就没必要进行“真枪实弹”的批评。聪明的管理者有时会不指名道姓，用温和的语言，只点明问题；有时也会用某些事物对比、影射，“点”到为止，起到一定的警示作用。

批评员工时一定要顾及员工的感受，照顾员工的自尊心；批评员工时要点到为止，最好能一两句就使对方明白，然后转到其他话题，千万不要说个没完没了。

战国时期，齐景公的一匹心爱的马突然死去，齐景公非常伤心，决心一定要杀掉马夫以解心头之恨。众位大臣一起劝阻齐景公不能为一匹马而滥动刑罚，可是齐景公却不听劝告。

这时，国相晏婴走了出来。各位大臣都以为晏婴也要劝诫齐景公，可是谁也没有料到，晏婴却明确地表态说："这个可恶的马夫，该杀！"

齐景公十分高兴，就把那个马夫喊来。晏婴历数了马夫的三大罪状："你不认真饲养马，让马突然死去，这是第一条死罪；你让马突然死去，却又惹恼君主，使君主不得不处死你，这是第二条死罪。"

听晏婴痛说马夫的前两条死罪，齐景公心中真是乐滋滋的。可晏婴话锋一转，说出了马夫的第三条罪状："你触怒国君因一匹马杀死你，使天下人知道我们的国君爱马胜于爱人。因此天下人都会看不起我们的国家，这更是死罪中的死罪，罪不可赦！"

听晏婴诉说马夫的第三条罪状，齐景公脸上挂不住了，红一阵白一阵的。

故事中，晏婴没有正面批评齐景公，但却达到了劝谏救人的目的。可见，点到为止的批评方法的确效果非凡。这种方法要比直来直去、当面锣对面鼓地否定他人效果好得多。

虽然领导与员工的谈话旨在纠正员工的错误，但这并不意味着领导可以毫无节制地谈论员工的错误。事实上，任何一个人都有自知之明，员工一般都能够认识到自己的错误，而且也乐意对错误加以纠正。

一般来说，批评要适可而止，没有必要非置对方于死地。管理者之所以要批评员工，主要是为了救人，为了帮助人。如果下属犯了错误，对这个错误的某一点提醒一下就行了，再翻来覆去地批评就没有必要了。将过去的错误多次批评，总是纠缠不休，不仅于事无补，而且也显得有些愚蠢。

如果管理者在批评别人时不注意方法，将对方批评得体无完肤，对方很可能就会“明知道自己错了，可就是不改正”。员工经常迟到，与其说“你到底还要迟到多少次？你该好好反省反省了！”倒不如抓住对方的“良心”点到为止：“我想，你肯定也知道迟到是不对的……”这样员工更愿意接受。

俗话说，批评的话最好不超过三四句。会做工作的管理者，在对下属进行批评教育时，总是三言两语见好就收，给对方留有一定的余地；如果不肯善罢甘休，非要将对方批评得体无完肤，只能将事情推到反面。

批评下属的时候，不要喋喋不休地唠叨个不停。对方做一件事情，有错误的地方应该指出，但做得正确的地方也应加以肯定，这样对方才会心悦诚服。

第十六章　不同性格的员工如何管

“×× 太小气了。”——管理挑拨离间型员工

> 不管在哪家公司，都会遇到搬弄是非、挑拨离间的员工。对于这类人，管理者要引起足够的重视。对待这样的人没有什么好办法，只能防微杜渐，不让这类人进来；一旦发现，就要及时制止或清除。否则，后果不堪设想。

郑经理这段时间就遇到了这样一个问题。

这几天，每到下午三点钟的时候，李海都会悄悄地来到经理办公室，不是说“××× 要跳槽”就是说“××× 在利用公司的资源做兼职”。

对于李海提到的这些事情，郑经理也是知道的，可是他却没有管。为什么？因为人家并没有影响到自己的本职工作，而且还做得相当不错！

郑经理知道，李海就是这样一个喜欢搬弄是非的人，可是怎么和他沟通呢？对于这种喜欢搬弄是非的员工，能直接开除掉吗？

职场中，有些员工是消息最为灵通的人，谁在偷偷上网，谁说了对公

司不满的话，甚至连谁家小孩不爱学习他们都知道……这些员工一般都喜欢搬弄是非，到处煽风点火，弄得公司鸡犬不宁，案例中的李海就是这样的一位。

如果管理不好这类员工，就会影响公司工作的顺利开展，优秀的管理者通常都能正确应对这种类型的人。当他们发现了爱搬弄是非的员工时，通常都会这样做：

1. 有自己的见解

爱搬弄是非的员工，经常会在员工之间挑拨离间，破坏员工之间的关系；有时甚至会破坏管理者与员工的关系，弄得公司乱七八糟、人心惶惶。

优秀的管理者在与他们交往时，通常都是一身正气，正直、坦荡，对他们的闲言碎语做到不听、不信、不传；他们有自己的见解，不跟搬弄是非的员工“同流合污”。

当然，他们也会尊重这些人，及时为他们提供帮助，以朋友式的态度，善意地规劝他们，想方设法巧妙地引导他们获得正确的认识和方法，使他们改掉身上的坏毛病。

2. 谨言慎行

爱搬弄是非的员工，对于管理者来说，表面上是一盆火，背地里却是一把刀。不要以为他们告诉你秘密，口口声声说把你当成亲近的朋友就相信他的话，便把他当成朋友。

其实，很多时候，他们是希望从你这儿得到更多的谈话材料，胡乱捏造一番后再传播给其他员工。因此，和这样的员工交往时，管理者要谨言慎行，深思熟虑以后再开口或行事。实在不行的话，就和他保持一定的距离，免得为自己招来不必要的麻烦。

3. 防微杜渐

有些员工之所以爱搬弄是非、挑拨离间，是因为公司内有他们生存的土壤、存在的空间，有谣言流传的各种传播渠道。

对于这种情况，管理者要防微杜渐，一旦发现有这样的谣言，立即予以制止或清除，对传播谣言的人严惩不贷，有效制止谣言的扩散蔓延。

如果是一两个搬弄是非的员工，在刚刚传播谣言时，就要毫不客气地开除他们，杀鸡吓猴，震慑公司内那些蠢蠢欲动、想搬弄是非的人，让他们不敢轻举妄动。

4. 保持冷静

如果流言已经传开，公司内的正常秩序已被打破，管理者就要采取措施恢复秩序。在这个关口，管理者一定不能自乱阵脚，要努力控制自己的情绪，头脑冷静，采取坚强有力的措施补救混乱的局面。“清者自清，浊者自浊”，时间长了，谣言就会不攻自破。

“我就是想争第一。”——管理争强好胜型员工

有的员工喜欢争强好胜，狂傲自负，自我表现欲望极高，还经常会轻视你甚至嘲讽你。明智的管理者一般都不会为其生气，也不会故意压制他。如果是你自己的不足，可以坦率地承认并采取措施纠正；如果原因在员工，就要努力为其创造发挥才能的机会。

有些员工喜欢争强好胜，总认为没有人比他强，好像只有他才能当管理者。这种员工狂妄自负，自我表现欲望极强，还经常会轻视、嘲讽管理者。李婷就是这样的一位：

从小，李婷就是一个争强好胜的人。学生时代，李婷靠着自己的努力，成绩总是名列年级前三名。只要一发现有人和自己竞争，她就会毫不客气地向对方发起进攻。

大学毕业之后，李婷应聘到一家房地产公司做销售。从进公司的第一天开始，李婷就给自己设定了目标——超过经理！因此，李婷总是摆出一副咄咄逼人的架势。

李婷既瞧不起同事，也看不惯经理，因为她认为经理的位置是属于自己的，“我既然来了，他就得让位！”

李婷每天将自己都搞得紧张兮兮的。经理看出了问题，和她进行了沟通，劝她一步一步来，可是李婷却认为这是经理在向自己示威。

经理没有办法，一来李婷确实挺上进的，而且成绩也不错；可是，一想到她的那种咄咄逼人的架势，心里就有点担心。不是担心自己的位置，而是担心李婷会因此而伤了自己。可是，怎么跟她沟通呢？

争强好胜的员工对于公司来说既是一件好事，又是一件麻烦事。这类员工不管做什么事，都喜欢争强好胜，他们不肯服输，不甘于落后，总想争一流，总想干出点样子来，这些对于促进一个人的发展来说是好的。可是，争强好胜的性格也有消极的一面：易走极端，过于紧张、累垮自己，严重者还会妨碍他人卓有成效的工作等。

对待争强好胜者，不能以同样的咄咄逼人的态度，不能“以其人之道还治其人之身”，应该给他们以正面的引导，肯定他们积极的一面，并为他们创造条件，让他们充分发挥自己的才能，从而促使公司发展。

对争胜逞强的员工，在管理上应当遵循以下具体原则：

1. 不要生气动怒

在任何一个公司都存在争胜逞强的员工，其他管理者也会遇到这种下属。一旦遇到这类下属，不要生气，因为周围的环境会给他造成压力，使其失去市场。

2. 不要感到自卑

管理者即使具有卓越的才能，也不会在各个方面超过所有的人。每个人都既有长处，又有短处，如果发现下属确实有比你高明的地方，也不要自卑。

3. 推心置腹交流

如果对方不是故意与你为敌，可以选择适当的时机，进行推心置腹的谈话。事实证明，有理有据的谈话可以化解矛盾，改变他对你的态度。

“我不喜欢和同事说话。”——管理性格孤僻型员工

有些下属性格孤僻，疑心很重，这样的人在团队中是很难有良好的人际关系的。如果不是天生不合群，那么就是一群追求时尚的青年。这些员工喜欢单独行动，不喜欢和其他员工共同谋事，会给群体带来一些消极的影响，一定要正确对待。

在张平的团队中，有个性格特别孤僻的员工，这个人叫郭明。每天中午休息的时候，大家都会聚在一起说说笑笑，只有郭明会一个人坐在座位上，盯着电脑翻看网页；即使是下班之后，郭明也不喜欢和同事一起走。

张平发现了这一点，他知道，每个人的性格都是不同的，而且郭明的性格确实没有影响到工作。由于郭明喜欢肃静，能够静下心来，所以编写的文案还相当不错。

张平想找郭明谈一谈，让他尽快融入团队。可是，郭明对于团队的工作一点都不推托。只要自己能做的，他都会积极去做，而且完成的还相当不错。难到人家性格孤僻，就说人家没有团队意识？

张平不知道该怎么办了。

有一位心理学家曾说过："人类得到情感上的满足有四个来源：恋爱、家庭、朋友和社会。一个人的孤僻程度，取决于他同这四个方面的关系如何。"一般地讲，性格孤僻的人是很难处理好这几种关系的，因此一般都缺乏友谊，缺乏让人依恋的温情体验。而且，他们都还有着很重的怀疑心理，担心别人议论，因而惶惶不可终日。

管理这类性情孤僻的员工时，首先必须深入了解这种人的心理特点，然后再在这个基础上做好以下几个方面的工作：

1. 主动帮助，施以温暖

面对性格孤僻的员工，可以在学习、工作、生活等细节上多为对方做一些实实在在的事，尤其是在他遇到了自身难以克服的困难时，更要提供友谊的温暖。

在任何情况下，都不要流露出对他们的漠视，要像对待其他员工一样来对待他们。当然，应对性格孤僻的员工，宽宏大度是最为重要的。

2. 注意谈话艺术

性格孤僻的员工一般都不爱说话，可是只要谈话内容触到了他的兴奋点，他还是愿意开口的。

性格孤僻的人喜欢抓住谈话中的细枝末节胡乱猜疑，一句非常普通的话有时也会让对方很生气。因此，和这种类型的员工沟通的时候，一定要注意自己的措辞、造句。

3. 不过分显露热情

这类员工一般都很反感所谓的"俗人"，如果你是一个整日为功名利禄忙得焦头烂额的人，是很难和他进行沟通的。为了能和他们有良好的接触，千万不要耐着性子，装出一副热情有加的样子和他称兄道弟。这样，是不会得到好结果的。平时，只要和他们保持一般的工作上的接触就可以了。

4. 坚持下来，保持耐心

管理性格孤僻的员工时，容易遭到对方的冷遇。只有等到他们完全信任你的时候，你的说话才会有分量，你的管理行为才会有威信。遇到性格孤僻的员工，管理者一定要有耐心，"日久见人心""事实胜于雄辩"。

5. 一起参与文化娱乐活动

参与文化娱乐活动，容易促使对方从孤独的小圈子中解脱出来，投入团队的怀抱，变得开朗起来。因此，为了调动起这类人员的积极性，可以多组织一些文化娱乐活动，如听相声、听轻音乐、看喜剧、看体育比赛、旅游，等等。

在我们身边，到处都会出现性格孤僻的员工，作为管理者，要学着去接受他们、了解他们。当他们能够信赖你的时候，你的管理就会容易很多。

“真是个刺儿头！”——管理刺头型员工

在公司里，有些员工狂妄自负，根本不把任何人放在眼里。这些人在很多管理者眼里是不折不扣的“刺头”。对于这种人，最好的办法就是若即若离，保持一定的距离。如果在工作中表现良好，可以适当地进行褒奖，但一定要注意尺度。

当我们将眼光收回来，放在公司的时候，就会发现，差不多在每家公司，都有一些狂妄自负、根本不把任何人放在眼里的“刺头”。那么，如何管理这些人呢？

肖婷是销售部的主管，按照优胜劣汰的原则，每三个月部门都会清理掉两个不合格的员工，正是因为有了这样的紧迫感，所以，部门成员都将自己的主动性发挥了出来。也正是因为如此，肖婷所管理的销售团队业绩是最好的！

按照团队的原则，肖婷打算将小丽和小润辞掉。小丽打算结婚了，因此工作积极性不高，业绩也不好；小润呢？已经来团队三个月了，可是业绩却没有多少。

当她将自己的这个决定告诉当事人的时候，小丽显得很高兴，因为自己被辞掉是理所应当的，这也是她想要的结果。可是，小润就不同了。

小润听说主管要将自己辞掉，便扬言说："你敢辞退我？"肖婷不明白了，自己有辞退员工的权力，为何不敢？

第二天，当肖婷来到办公室的时候，看到经理正在这里等她。经理直言不讳地说："小润不能辞退。虽然她没有取得好的业绩，可是，每次出去见客户的时候，我都会带上她。因为她是一个交际能手，很会陪酒。"

看到经理要留这样的人，肖婷自然无话可说。经理说："暂时先让她在你们部门吧，即使她没有业绩，也不要辞退！"

肖婷感到很为难。

其实，在职场中，类似于肖婷这样的员工有很多。他们不是有着更高的学历、更强的能力，就是具有更独到的技艺、更丰富的经验。因为他们具有一些其他员工无法比拟的优势，所以能够在工作中表现不俗。这种优越感发展到一定程度时，就会直接体现为高傲、自负。

从工作能力来看，他们中的大部分都是"精英"，是领导们倚重的骨干。但从公司管理角度来看，这些人很多时候扮演了一个"组织破坏者"的角色，一定要多加注意。

遇到这种员工的时候，一定要运用你的智慧对他们进行"冷处理"，让他们体会到个人的力量与团队的力量相比，是微不足道的；然后，在适当时候鼓励其发挥专长，保全他们的面子和自尊。

在委派任务的时候，最好用一句简洁有力但颇能刺激他神经的话来结束："这个任务对你来说有困难吗？"在得到了他们不服气或略带轻蔑的回答后，便可结束了。

如果你是个善于辞令、善于捕捉人心理的管理者，可以试着找他们谈谈心、做做思想工作。制度面前人人平等，不要让他们误以为自己有某些优势，就可以凌驾于制度之上。

除此之外，还可以采取其他方法来应对这种性格的员工：

1. 有背景的员工——保持一定距离

有些员工，有着一定的背景。这些背景资源不但赋予了这类员工特殊的身份，而且也为管理者平添了许多麻烦。为了获得一些工作上的便利，这些员工在工作中常常会有意无意地向其他同事展现自己的背景。即使是犯了错，某些“背景”也可能使他们免受处罚。

对于这种人，最好的办法是若即若离，保持一定的距离。如果在工作中有好的表现，可以适当地进行褒奖，但一定要把握好其中的“度”；否则，他们就会恃宠而骄，变得越来越骄横。如果这些人在工作中表现平庸，而且经常会以自己不凡的后台自居，那么不仅要和他们保持距离，更不能姑息纵容。

2. 想跳槽的员工——把握原则积极应对

这些人往往很现实，会选择“人往高处走”。而且，这些人中间确实也有相当一部分是身怀绝技的“抢手货”。有些人觉得，反正是要走的，索性摆出一副“死猪不怕开水烫”的姿态，工作消极，态度恶劣。

管理这类员工的时候，把握一些原则是必要的：

（1）不要为了留住某些人轻易做出很难实现的承诺，如果有承诺，一定要兑现；如果无法兑现，一定要给他们正面的说法。千万不要在员工面前扮演一个言而无信的角色。

（2）随时检讨公司的晋升、薪酬、绩效考核等人力资源管理制度是否合理，避免因制度性原因造成员工非正常流动。

（3）及时发现员工的情绪波动，特别是那些业务骨干，一定要将安抚民心的工作做在前头。

（4）如果员工去意已定，不要太过勉强，在必要的时候，可以请他们提前离开公司。

（5）攻心为上，以理服人，以情动人。

“慢慢来，别着急……”——管理懒散型员工

员工懒散的原因有许多，如工作环境差、安全无保证、过度疲惫、公司文化建设不到位、没有向心力、凝聚力等，管理者要具体问题具体分析，对症下药，更好地解决这种不良现象。

这段时间以来，不知道怎么搞的，团队成员都懒懒散散的，给他们分配了任务，他们都是一副爱答不理的样子；即使是当着主管的面，有些人也是不紧不慢。

由于没有完成工作任务，主管受到了领导的批评。主管将矛头指向了下属，她站在门口，气呼呼地对下属大喊着：“都是因为你们，你们怎么这么弱啊！”

听到主管这样责骂自己，下属都不高兴了。

员工出现懒散的现象，相信每一位管理者在管理当中都会遇到，如果是个别员工懒散，那基本就不算是问题，直接制定制度和考核施加压力就行，要不干脆辞退。最难搞的是全体员工普遍懒散的现象，这时候就不仅

仅是某一位管理者的管理问题了。案例中的主管，显然就遇到了这样的问题。

员工懒散自然需要想办法解决，可是事实告诉我们，仅仅依靠所谓的自觉是不可能的。当然，冰冻三尺非一日之寒，从根本上来看，必须从公司整体的管理和结构上来解决。不过，花费的时间较长，成本也很高，很多老板是等不及的。怎么办呢？这里给大家介绍几种可行的方法。

1. 让新面孔出现

有些员工之所以犯懒，主要是觉得自己在公司里是有价值的，自己的工作不可取代。事后，完全可以找一些新面孔，增强他们的紧迫感。

通常来说，新人露面的方式有两种：

（1）招聘新人入职，同时在现有业务人员群体中，选几个尚未被严重污染的人，组成新团队。新团队的组建，将会对老员工产生直接性的压迫感。业务会议一般都是单独召开的，他们在商量什么，老板给他们下了什么指令，自己没办法全部掌握清楚，这些人心里就会生出担心。

（2）如果暂时招不到合适的新员工，就从储备的角度出发，接触一些新人，暂时不正式把他们招进来，但要他们接触公司。如进公司参观、查看目前的网点、参加业务会议、查阅公司的资料等，为进公司打好基础做好准备。

2. 让员工将重要的资料都写出来

要让员工把脑袋里的东西都倒出来，写在书面上，如客户资料、操作流程和经验、市场规律、历史事故、策略技巧等。对老员工来说，这就等于把自己混饭吃的家伙全部交出来。当他们发现，自己对于公司来说可有可无时，自然就不会抗拒管理者的命令了。

第十七章 挽留与辞退员工有方法

“小成绩也有奖励。”——小恩小惠

要想获得事业的成功，首先要有人支持，除了工资是获得众人支持的主要因素外，还可以通过一些小恩小惠让下属对你产生感恩的亏欠之情。身为管理者，在员工生日以及节假日的时候，可以送礼物给员工。

李厂长是一家机械加工公司的负责人。虽然公司经营了好几年，可发展规模没有多大。之所以会出现这种不利的局面，主要和他的管理方法有关。

作为一家机械加工公司，机器的保养很重要。李厂长平常在厂里很少注意设备状况，也不提醒员工要注意保养设备。有的员工很自觉，知道机械设备要定期检查维护。可有的员工并不注意，因为厂里并没有严格的设备保养规定。

那些有责任感的工人并不会引起厂长的注意，李厂长只想从工人身上克扣。来这里当学徒工，只管饭没有工资；在这里做工，要押一个月工资，说是保证金；每个月要是工人多请假，要处罚双倍的工资。他觉得，这里也不是什么高技术公司，工人走了再招也不难，不必对工人太好。

由于厂长管理不够人性化，表现好的也没有奖励措施，工人的工作热情不高，流动性很大，一些客户对加工的产品质量不满意，渐渐流失，影响了公司的发展。

李厂长作为公司的管理者，没有把员工作为公司发展的重要依托，只想自己索取，不顾员工的利益得失，导致工人对工作失去热情，频繁的人员流动使业务水平难以保证，最终影响了公司的发展。

要知道，好员工是需要鼓舞和激励的，如果平日工作表现好的员工，没有得到及时的奖励，工作的积极性必然会受到影响。员工一旦对工作失掉热情，怎么会创造出成绩？

张总是一家广告公司的负责人。虽然公司创办时间不长，但是在他的科学管理下，公司的发展速度很快，已成为当地一家知名的广告公司。从创办初期，他就把员工的培养作为管理的重心，通过有效的员工激励制度来激发大家的工作热情，经过不懈的努力已经培养出一支优秀的员工团队，为公司的发展奠定了基石。

为了提升员工的工作激情，张总结合公司实际制订了一套员工进步奖方案，设立了不同的等级，每个等级都有相应的奖励标准。虽然奖品并不贵重，但是员工的工作热情却被调动了起来。有了工作热情，员工的干劲十足。

张总用真诚的关怀赢得了员工的真心，员工用真心的劳动回报了公司，形成了个人与公司休戚与共的依存关系。

管理者给员工小恩小惠，会让员工感觉到领导的关爱，心存感激，增加工作的积极性，也为自己树立了良好的个人威信。要想让下属对工作有热情，就要给下属一些恩惠，这是激励员工的有效方法。

由于社会就业压力的增大，很多管理者往往忽视员工的地位，不注重员工的激励制度建设，没有把员工作为公司发展的原动力。在激烈的市场竞争中，失去推动公司发展的强大员工团队的支撑，公司是很难大有作为的。

优秀的公司管理者，一般都会发现员工身上的优点；他们注重日常的激励，让每个员工发挥各自专长，给员工以信心和力量，促使员工把前途与公司的发展联系在一起。

“我让上司给你涨工资……”——加薪留人

有些员工之所以要跳槽，主要原因就在于薪资太低。如果你想挽留住这名员工，就可以为其加薪。当员工的意愿得到满足的时候，自然就会原地不动了。有哪个员工愿意经常跳槽呢？如果他们发现在公司能够获得自己的期许，自然也就不会轻易跳槽了。

在我们身边，很多管理者没有长远发展的意识，对员工的重要地位认识不清，觉得现在求职找工作的人很多，并不关注员工的切身利益；他们只顾个人挣钱，不考虑员工的实际处境和感受。这样做是很难将真正的人才留住的。

李经理在一家广告公司任部门经理。他在平常的工作中，只关注业务上的事情，从来都没有认真了解过员工的真实想法。

小力平常工作任务繁重，又要搞电脑设计，又要做后期加工，有时还要给客户送货。虽然工作很辛苦，可是挣的工资却不高。其实，小力不怕辛苦，只要能多挣钱就行，多干才能多得。虽然干得不错，可是工资一直没有什么提高，小力感到很郁闷。

小力试着找过李经理，表示可以多干活，只要能涨点工资就可以。李经理表面上答应，可心里根本没有上心。

小力渐渐对李经理失望了，觉得自己再努力也不会有什么前途，最终选择了离职。结果，一个星期后，他就被同行公司聘用了，工资翻了一番。

李经理虽然不能答应保证能给员工加薪，但是作为一名管理者，有责任保护员工的权益，应重视员工的合理要求，体谅员工的现实境遇，积极与公司上层领导沟通，给员工一个满意的交代。李经理对员工的请求不作为，对员工缺少应有的关爱，直接导致了小力的离职。

员工能否踏实为公司服务，一方面看中的是工作的环境与发展的空间，另一方面看中的是薪资待遇。而且，后者最能激发员工的工作热情。

网络行业是一种技术性要求较高的媒体行业，孙经理作为技术主管，深知人才的重要性。为了让员工更安心地为公司服务，孙经理向公司提议，用一套有效的薪酬激励制度来增强技术型员工的工作热情，技术型员工的工资包括基本工资、职务工资、技术等级工资、效益工资，年底还有年终奖，员工的基本工资不仅高于同行业岗位水平，还有相当可观的奖金。

公司批准了技术员工激励制度，鼓励员工多钻研技术，倡导能者多得。不仅如此，公司还从员工的切身利益出发，为员工代缴了完善的保险，解决了员工的后顾之忧。

由于公司为员工提供了优厚的待遇，员工在这里工作不仅踏实，更有干劲。员工们不仅通过努力得到了较高的薪资，更为公司创收了可观的经济效益。

要想让下属安心工作，就要为下属着想，维护下属的切身利益，其中薪资问题是最现实的利益点。公司的实力依托员工队伍的素质，有了优秀的员工才能推动公司发展。管理者的责任就是带好员工队伍，留住员工的心，特别是优秀员工。

在员工激励制度中，薪酬激励是最重要的一项，管理者要根据社会发展实际，适时调整员工薪资，只有让员工得到期待的薪资，才能让他们安心为公司效力。

有人也许会讲，现在求职的人很多，不必非要高薪用人。但是作为管理者，更要清醒地认识到，公司用人不是一次性的买卖，用人要从长远考虑，有了优秀、稳定的员工队伍，公司才能做大做强。

1. 感情留人

管理者在工作中与员工是上下级关系，就要像师长对学生一样耐心引导；在工作之余，管理者可以与员工成为很好的朋友，相互倾心交流，建立深厚的友情。管理者用真诚赢得员工的信任与爱戴，建立同志情加友情的良好感情。

2. 事业留人

管理者要想让员工稳定工作，就要考虑他们的职业生涯，结合他们各自特点为员工制定各自的职场规划。通过岗位晋升制度，可以让员工找到奋斗的方向，将工作当作事业来做，工作起来自然就会有激情。

3. 福利留人

要想让员工保持工作热情，就要经常性地给员工提供一些物质上的奖励。比如，在一些重大节日或公司的重要庆祝日，给员工发放一些生活用品或购物券，可以让员工感受到公司的关怀。同时，根据公司的从业特点，可以给员工亲属一些相应的福利，如教育机构可以让员工小孩免费享受教育培训等。

“我不好意思辞退他。”——辞退要速战速决

开除或解雇员工，是一件关系到下属去留的事，也是一件令人不快的事，因此，在处理这类问题时难免会感到不好下手。管理者在决定辞退下属的问题上要雷厉风行、速战速决。一旦做出了辞退的决定，就不能再拖泥带水，要在第一时间果断地去执行。

李经理在一家广告公司设计部任职，他虽然是个部门经理，但是工作中该管的不管，该严的不严。按照公司的制度，迟到一次罚十元，员工每月迟到三次以上将被部门经理警告，连续警告次数达到三次将给予辞退处理。

公司的作息制度虽然规定得很明确，但是李经理却并不能严格执行。小张虽然有些散漫，但是设计水平不错，人也长得漂亮，还挺会来事的，让李经理对她的印象还不错。

李经理平日看到小张迟到，只是提醒她下次注意，并没有把她的问题放在心上。他觉得自己虽然是管理者，但也是为老板打工，没有必要太认真，只要不是什么特别严重的问题，尽量和员工和谐相处。

员工的迟到问题越来越严重，引起了公司上层领导的重视，责成各部门经理对下属员工从严管理，严格按公司的作息管理制度执行。李经理也考虑过辞退小张，但是一直犹豫不定，不好意思找她开口谈这个问题。

公司不是公益组织，不会照顾所有人的利益，管理者需要对公司负责。那些难以按照公司制度约束个人行为的员工，不仅对内部人员管理不利，更对公司长久发展大局不利。像李经理这样的管理者在辞退员工问题上犹豫，抱着不好意思的态度，只会让自己陷入被动。

管理员工，就要用制度管人，按照公司发展的实际需要来选拔员工。管理者既要对员工负责，更要忠诚于公司，从公司发展的大局来考核员工的业务能力。

孙经理在一家医药销售公司负责采购，他对自己要求严格，对待下属更是从严管理。他认为，员工的素质不仅代表着公司的形象，更关乎公司的发展前途，只有严格管理，才能形成强有力的团队。

有一次，孙经理收到了一封匿名举报，信中称采购员李涛曾多次接受一家药厂的回扣。经过认真的核实举报内容，孙经理确认举报属实。

李涛在采购岗位工作已有五年之久，对业务很熟悉，在大家眼里他很敬业，人缘也不错。但是举报问题已确实，孙经理虽然觉得有些可惜，但是为了维护公司的利益，很快便由人事部给李涛签发了辞退告知书。

孙经理把通知书交给李涛时，告诉他：“你也很清楚公司的规定，出现问题就要按规定办。虽然你今天被辞退了，但是希望你在精神上不要懈怠，要吸取这个教训。”面对无可争辩的事实，李涛只能接受处理。

孙经理严格落实公司制度，在内部树立了正气，也为个人树立了威信。

有些管理者在与员工相处时间较长以后，觉得平日关系不错，往往忽略了公司的利益，对于不适应公司需要的员工难以严管，总觉得不好意思说辞退，这是最忌讳的。

公司的稳定发展，需要靠制度的落实。管理者在员工面前不讲情面，不顾及个人的利益，才是对公司的负责，也是对全体员工的负责。一旦员工违反了公司制度，就要毫不留情地执行公司的管理制度，只有这样才能维护公司的利益，树立个人的威信。

制度是铁的纪律，不容任何人破坏。孙经理坚决按照制度管人、公正办事，有力地维护了公司的利益，促进了内部管理正规化。对于那些不能遵守公司规定的员工，该辞退时就要坚决果断，不留情面。大量事实告诉我们：要想让公司获得长久发展，在制度面前就要人人平等，违者必究，该辞退时就果断出手。

“炒了人家‘鱿鱼’，还欠工资，缺德！”
——辞退员工要做好善后工作

如果只是为了施展权力，辞退了员工，还不给发工资，不仅有损于职业人的道德，还会损害公司的形象，容易激化矛盾，造成严重的后果。既然做出了辞退员工的决定，就要按相关的规定做好善后工作。

有些管理者，经常会摆出一副高高在上的姿态，只会用权力压人，只要不合心意就要炒员工的“鱿鱼”；有些人为了惩治员工，还会以违反内部规定为由扣除当月工资。这种做法既不合理，更不合法。

王珂是一家电器销售公司的老板，公司经过几年的发展，在当地已小有规模。可是随着事业的发展，王珂的心态也发生了变化。

小张是公司的货车司机，不仅负责电器产品的运输，还要帮着一起往车上抬货。有一次，小张在送货的时候，不小心失手将一台电器摔坏了。王珂知道后非常生气，把他叫到了办公室，气愤地说：“怎么搞的，一点责任心都没有，搬个东西还出问题，我看你还是回家吧。”

小张看到老板的态度，也不好再解释什么，只是要求把这个月的工资给结了就走人。可王珂却很不满地说：“你把我的电器摔坏了，我还没找你赔呢，你还跟我要工资！”

小张感到很不满。王珂理直气壮地说：“损坏了公司的物品，不仅要照价赔偿，还要按规定双倍处罚。”

小张来公司已经有一段时间了，根本就没听说公司还有这个规定，他感觉非常不合理，双方发生了激烈的言语冲突，还动了手。

王珂在事业取得一定成绩时，忘记了创业初期员工们的功劳，在管理时强压员工的做法，只能让员工渐渐远离。

管理需要服从于公司发展利益，但是更不能忽视员工利益。即便是员工不适合为公司服务，需要辞退，也要按照国家劳动法规办理相关的手续，如果拖欠，或者拒付工资，其行为都是违法的。王珂的做法不仅会损害员工的合法权益，还会造成不良的社会影响，损害到公司的声誉，影响今后的发展。

管理者，要用人性化的管理促进公司的健康发展。身为管理者，就要在其职，担其责，具备管理的基本能力，特别是在处理敏感问题时更要如此。

管理者经常会遇到辞退员工的情况，如果员工确实不适合继续在公司工作，也要为员工考虑，按照国家有关的劳动法律解决辞退问题，特别是要及时付清员工工资。

在处理辞退员工的问题时，要注意以下两点：

1．少指责

综合考虑后，如果管理者觉得员工不再适合继续工作了，也不能因此过分指责员工。管理者是帮助员工提高业务能力的服务角色，不是充当训斥员工的“教官”。如果一味地指责，就会加剧矛盾冲突，影响公司的内部管理秩序。

2．多帮助

管理者要关爱辞退的员工。被辞退的员工身上也有优点，他们今天离开公司也有可能成为明天公司的合作伙伴。给员工多一些帮助，会为公司多凝聚一份力量。

第十八章 巧妙解决员工冲突

“你这么大度的人，怎么跟他一般见识。”
——掌握解决冲突的几个重要步骤

在公司内部，一个员工对另一个员工不满是常见的现象。有些管理人员认为这会自动消失。但是，由工作上产生的一些误会可能会导致员工个人间的隔阂，而这种隔阂如果继续积累下去，便会演变成双方相互的恶性猜疑，合作的信任基础被破坏，一定要加以重视。

李叶和张华是一对冤家，他们两人一起入职，可是从入职的第一天起，他们两人就矛盾不断。当然，他们的矛盾仅仅停留在暗地里的较量，表面上还是你来我往、客客气气的。可是，这天，两人的矛盾升级了。

李叶紧张忙碌了一个多小时，计划书总算完成了。然后，便起身倒了一杯茶水。出门的时候，一不小心，李叶将茶水洒到了张华的身上。

张华刚挨了领导的批评，满肚子的不高兴。一看李叶将茶水撒到了自己身上，更是怒发冲冠：“怎么走路的，没长眼睛啊？”李叶一直以来都看不惯张华这种得理不饶人的劲儿，便反击说：“泼的就是你，怎么了？”

张华听了这话，更生气了，迅速地从水龙头上接来水，泼在了李叶的身上……这对冤家终于将心中的怨气充分发挥了出来。同事们都来劝架，可是一点缓和的余地都没有。

很快经理就知道了这件事，他将张华叫到办公室，说："你怎么能跟他一般见识！你在咱们部门可是我最器重的，以后可不能这样了。"张华看到经理这样说，也就不好再说什么了。

有人的地方就有矛盾，作为一个拥有很多员工的管理者，在每天要处理的诸多事情中，处理下属之间的矛盾是难以避免的。不可否认，案例中的经理是比较聪明的。当下属之间出现矛盾时，会给管理者带来无穷的烦恼，令其焦头烂额；一旦处理不好，还会把自己带进矛盾的旋涡之中。

一般来说，面对员工冲突，逃避不是办法，必须通过有效的、建设性的沟通方式，尽早解决。解决员工冲突，可以按下面的几个步骤来执行。

1. 界定冲突

一旦发现员工之间存在冲突，管理者最好马上召集有关人员碰头，就存在的问题及真实情况做一个准确的界定：是确实存在矛盾？还是一种感觉上的误解？一旦对问题做出确定，就要想办法加以解决。

2. 分析冲突

如果的确存在冲突，双方必须主动化解矛盾。可以让冲突双方将冲突的表现一一列出来，然后彼此做出解释。比如：张三觉得李四每天上班都不和他打招呼，是因为心里对他有意见。如果双方将这件事情解释清楚，矛盾自然就化解了。

3. 看到积极的方面

很多时候，人们都喜欢凭感觉来对待别人。一旦员工之间发生冲突，就要规劝双方在工作中往好的方面看，不要主观认为对方对自己有意见。比如：主动询问对方的工作状况、提供一些建设性意见等。

4. 整合期望值

要求双方都做出承诺，将双方都希望达成的期望值逐条列出来，同时说明：要实现这些目标，他们应该做些什么？应该怎样做？

5. 确定和解目标

在这些期望值的基础上，可以让他们将自己希望达成的结果陈列出来，鼓励双方把事实存在的冲突与感觉上的误会分清楚。

6. 建立框架

不可否认，一次面对面的沟通并不能彻底解决冲突，为了在最短的时间里进行和解，必须建立起一定的支持性框架，比如：约定好下次面对面沟通的时间、内容、要解决的问题等。

7. 计算成本

向双方明确说明，如果沟通后仍然不能解决任何问题，会给自己和公司带来什么样的影响？让他们将这些成本计算一下，告诉他们：必须对这些消极后果负责。

8. 明确义务

告诉双方，必须为改善冲突做些什么？下次沟通时，必须说明具体的冲突改善结果、进程和时间表。

“不公平！我抗议！”——与人为善，秉公办事

> 管理者在解决下属之间的矛盾时，首先要秉公办事，不偏不倚，不能有私心。稍微有偏心、私心，下属肯定能感觉出来。即使不偏心，有时下属也会怀疑上司不公，更何况偏心呢？作为管理者，只有秉公办事，才能减少矛盾。

由于每个人的个性、背景、年龄、技能、价值观、期望和工作风格的不同，员工之间产生冲突在所难免。矛盾总会不断地出现，管理者作为企业的核心，也就不可避免地会成为矛盾的焦点。在解决冲突的过程中，管理者必须以公正、公平原则为前提，以解决问题为目的，不要激化矛盾。只有这样，才能令员工信服，才能将冲突化解。

郭敏毕业于北京大学，在公司里是学历最高的，因此老板非常器重她，让她担任了人事部经理。

有一次，在为部门招聘新员工的时候，郭敏聘用了一个校友。这个校友名叫孙梅，比她小三届。从入职的第一天起，郭敏就非常照顾孙梅。

这天，孙梅和另外一名员工何涛发生了矛盾，最后竟然争吵起来。孙梅说："这件事跟我没关系，为何要承担？"何涛据理力争："既然答应了人家，就要好好完成。你这样不负责任，以后看谁还敢用你？"

两人越吵越凶，最后竟然惊动了郭敏。郭敏看到孙梅泪眼婆娑的样子，说："你一个大男人，嚷嚷什么？"何涛说："男人怎么了？女人就该不讲理了？虽然说，作为一个男人我不该这样说她，可是这是工作。工作是没有男女区别的！"

何涛喘了口气，接着说："刚才你安排我俩一起对最近的工作进行汇总，我闹肚子去了趟厕所，结果等我出来的时候，整个文档都没有了。我问她是怎么回事？她居然说，我弄得不好，要重新弄。想重新弄也可以，你再建一个文档不就可以了，没必要删除我的文档吧！这可是我一天的劳动成果！"

可是，郭敏却不听何涛的，说："既然不好，删了就删了，有什么可惜的！"

案例中，当何涛和孙梅发生矛盾的时候，郭敏却怪何涛。相信，任何一个员工遇到这样的情况都会火冒三丈。可是，作为管理者的郭敏却没有意识到这一点。由于自己和孙梅的关系不错，因此在解决这个矛盾的时候，明显是偏袒了孙梅。不可否认，这样的处理结果是无法让人信服的。

调和员工矛盾时，不管是处理哪种性质的矛盾，管理者对当事双方一定要公正对待，偏袒只会使矛盾激化，甚至产生冲突移位，使矛盾更加复杂。

1. 倾听双方的心声

一旦员工之间发生矛盾，可以将发生冲突的员工叫到一起，让员工告诉你问题在哪里，不要假装你自己知道。通过第三者的介入，一旦说明了问题，事情是很容易解决掉的。

2. 选择合适的词汇

一般来说，冲突中的员工在描述冲突的原因时都会含糊其辞，比如：“他从来都不接受我的观点”“他目中无人”等。管理者可以让他们将具体的行为细节讲出来，继而着手改变。

同时，为了让处于冲突中的员工不感到自己被攻击了，管理者可以要求员工使用一些不具有控诉性的语句，比如：“我觉得，你总是在抢我工作中的功劳。”

3. 带着同理心倾听员工

在倾听员工解释的时候，管理者要带着尊敬和同理心，体现出自己对他们的理解。对大多数人来说，一旦发现有人理解自己，与别人冲突带来的不快就会减轻很多。比如，你可以说：“当他这样对你说话的时候，我知道你很生气。”需要注意的是，作为中立者，不要赞同或者批判某一方，否则会让性格冲动的人更加生气。

4. 让员工重复

为了确保每个人真正明白对方说的是什么，可以让员工重述一下他们刚才听到的对方的观点，比如，第二个员工对第一个员工的说法反应可能是：“从刚才的话中，我觉得责任主要在我。”这样，如果一方没听明白，另一方可以重说一遍。

5. 寻找解决问题的办法

当冲突的双方表明自己的不满后，就要提出一个解决冲突的方案。管理者可以问问每个员工的建议，然后决定需要创造什么样的机会解决冲突，并为此做出一个什么样的行动计划。确保冲突双方都能接受这个解决方法，并且了解自己在方案中的角色。

6. 关注行为的改变

沟通结束后，管理者还要继续追踪这个事情，了解各方的反应，督促一些行为的改变。如果双方还不满意，就需要重新交涉。

“有问题，现在解决……”——如何处理管理者和员工的冲突

在工作中，上下级之间难免发生一些不愉快的事情，产生一些摩擦和碰撞，引起冲突。这时候，如果处理不当，就会加深鸿沟，陷入困境，甚至导致双方的关系彻底破裂。管理者要巧妙应对，一旦出现问题，就要就地解决，不要向后拖延。

管理者一旦与下属发生冲突怎么办？常言说得好：“冤家宜解不宜结。”通常情况下，缓和气氛，疏通关系，积极化解，才是正确的思路。团队内部，矛盾的产生会经历从无到有、从小到大的阶段，各个阶段的矛盾各不相同，解决的方式也各不相同。但是其中有一些原则，公司管理者务必要遵循。

李婷知道，从自己上岗的第一天起，下属周晓就对自己有意见，因为自己是女性。在李婷管理的团队里，清一色的都是男性。当然，对于李婷的能力大家都是有目共睹的，可是一想到自己一个堂堂的大男人居然在一个女人手下干活，周晓就觉得浑身不自在。

这天，李婷给每个成员都布置了任务，大家接受任务后都积极工作了起来，只有周晓却有一搭没一搭地在外面的吸烟区抽烟。

李婷将他叫到办公室，说："怎么了，对我有意见？如果有就直说，我不喜欢拐弯抹角！"周晓不理她。李婷接着说："我知道你不服，那么咱们就比一比。如果这个月的业绩，你在团队中得第一名，我就将经理的职位让给你！"

周晓简直不敢相信自己的耳朵，问："真的吗？"李婷斩钉截铁地说："当然！可是如果你落后了，从今以后就得服从我的安排！"周晓答应了。

周晓一直以来都想坐上经理的位置，因此铆足了劲儿。可是一个月之后，他却没有得到理想的成绩，而李婷取得的成绩却相当于团队成员之和。

周晓知道自己错了，从那以后再也不敢小瞧李婷了。

案例中，面对不服管的员工，周晓采取了竞争的形式。这种形式虽然有一点冒险的成分，可是结果却是不错的。

身为公司管理者，难免会有人得罪你，对于那些和你有矛盾的人，也许你可以凭借手中的权力惩治他。但是，从用人和管人的角度看，从提升自己形象的角度讲，宽容员工并为己所用，才是最明智的。

管理者要尽量宽待员工，得饶人处且饶人，这是缓和矛盾的最基本的方式。员工如果做错了一些小事，不必斤斤计较；动辄责骂训斥，只会把你们之间的关系搞得更僵。

如果确实是管理者的问题，就要允许下级发泄。上下级间存在矛盾，如果是因为领导工作失误造成的，管理者不能以怒制怒，更不能剑拔弩张，这些都是不利于矛盾解决的，只会使矛盾更加激化。

当员工直接找你发泄他对你的不满时，说明他是信任你、对你寄予希望的。在接待发泄不满的员工时，管理者要耐心地听员工诉说。如果发泄后他的心里感到舒服，能更愉快地投入到工作中去，你听听又何妨？同时，这也是一个了解员工的不错机会，千万不能因愤怒而失去良机。

1. 不要一味忍让

矛盾发生的原因，不管是在领导还是在员工，领导都不能一味忍让。如果主要责任在员工，就要明确地指出，并适当给予宽容。否则他会浑然不觉，以后还会出现类似的错误。如果责任在领导，更要进行有效的处理，对于一些咄咄逼人的员工，也不能一味忍让。要在适当的时机，予以反击，有力地阻止员工无休止的纠缠。

2. 重视和员工的交流

管理者与员工对待某一问题时出现意见分歧，这是很正常的事情。如果员工提出的意见更好，管理者不能心生嫉妒，更不能排斥他。否则，双方的矛盾就会变得尖锐。如果积怨过深，一旦发生争斗，可能会导致两败俱伤。

作为公司管理者，要善于发现员工的优势，挖掘员工身上的潜能，对有能力的员工予以任用、提拔，肯定其成绩和价值。只有这样，才会化解矛盾。

3. 以大度化解矛盾

管理者凡事让三分，可以为自己今后的工作做好铺垫。在消除对立状况时，可以参考下面的意见：

（1）想一想，下属对自己是否有恶意？很多时候，下属对自己并没有恶意，自己却以为下属在故意跟自己作对。

（2）想一想，自己没有误会下属吗？在看下属的时候，有些人经常会因所看到的某一部分现象而产生误解。如果是这样的话，就要重新调整自己的视角，解决问题。

（3）想一想，是不是完全不了解下属而自己妄加揣测呢？如果是这样，就要努力去了解对方，与对方进行及时的沟通。

（4）想一想，产生对立的原因何在？事出必有因，如果能找出具体原因，对症下药，就可以消除对立情绪。

（5）想一想，下属的真实意图是什么？是个性使然，还是一时兴起？要努力从下属的表情、态度、说话的语气来了解其本意。

（6）想一想，不对立不行吗？如果这种矛盾会影响团队利益，或公司的规章制度不允许，就一定要立刻否定。但是，如果为了那些微不足道的小事而对立，是很不值得的。

4. 不要把责任推给员工

解决矛盾时，如果是你的责任，要勇于承担。把责任推给员工，出了事只知道责备员工，不从自身找原因，不仅会与员工发生矛盾，也会冤枉员工。这些都会使你失去威信，丢了民心。即使主要责任在于员工，为了化解矛盾，管理者也要站出来主动承担一些责任，显出你的高风亮节。

“你们两人都有问题，好好检讨自己。”
——解决新老员工冲突有方法

在公司，普遍存在着新老员工冲突的问题。解决得当，就可以为公司免去很多不必要的内耗所造成的损失；处理不好，公司可能会陷入结构性迷局，甚至带来重大损失。管理者要正视这个矛盾，以人性化的方式来处理这个问题。

一般来说，新入职的员工对公司未来的期许、薪酬的提升、职业通道上的提升、专业、兴趣等各个方面，都充满了希望；老员工入职时的关注点和新员工差不多，但是随着时间的推移，老员工各方面的价值观都会出现一定程度的改变，因此会与新员工有所差异。当这种对公司的不同认知带来的差异积累到一定程度的时候，就会引起人员的不满，尤其是涉及利益上的差别时，就会形成新员工和老员工之间的冲突，管理者一定要正确对待。

在赵鹏的团队里，有两股势力暗流涌动，一股是老员工，一股是新员工。老员工都是一些中年人，他们为公司做出了卓越的贡献；新员工都是一些年轻人，有活力，和中年人在观念上有很大的不同。

一次，团队帮公司做了一个大单，公司奖励他们 1 万块钱。可是这笔钱怎么用呢？老员工是比较务实的，建议将钱平分；而新员工比较开放，他们建议出去旅游，用这笔钱做车费用。赵鹏陷入了两难，怎么办？

第二天，当赵鹏来到办公室的时候，发现氛围中充满了火药味。赵鹏知道，大家还在为这笔钱纠结。最后，他果断决定，将这笔钱一分为二。一部分按照老员工的意见办，一部分按照新员工的意见办……

案例中，当老员工和新员工出现矛盾的时候，赵鹏动脑筋想办法，终于将问题解决了。

一般来说，大公司机制都比较健全，新员工的比例相对较小，因此新老员工的矛盾冲突较小。但是对于成长型的公司来说，尤其是刚度过了生存期的公司，老员工的忠诚度和荣誉感都是比较强的，如果不尽快完善和完备相关的管理机制，随着新老员工的冲突增多或者升级，会给未来的管理之路留下后续隐患。那么，如何来应对他们之间的问题呢？

1. 从根源上预防

在根源上，要杜绝“新人新办法、老人老办法”的制度不和谐性做法。在组织目标面前，要开宗明义地说明公司的原则和底线，对于新老员工都是平等的。

不管是管理制度，还是业务流程，在制度面前都要人人平等。当统一的制度规定了新老员工在工作上的方方面面时，可以有效地减少工作中的人为干预，继而减轻不公平感觉。比如，新人的提升和提拔，如果在机制上保证了，即使老员工对于新员工的晋升心生不满，也能够说服他们。

2. 平衡二者的利益关系

新老员工主要的利益冲突点主要体现在薪酬和岗位晋升上，其中薪酬往往会成为不满意的直接来源，是对员工的工作成就感和工作能力的直接挑战。如果仅仅是个别老员工的薪酬低于新员工，问题还不是很大；可是如果是普遍现象，就要认真研究了。

当新老员工薪资矛盾积累到一定程度后，即使一点小小的矛盾都会成为冲突的导火索，因此，要建立规范的薪酬体系。同时，可以适当增加适龄工资和工龄工资，并保持相对固定的比例。此外，利益的平衡还体现在岗位晋升上。在机制上，要通过流程上的公正性，比如公示、宣传等方式，帮助新员工适应升职后的岗位，并获得老员工的认可。

3. 打造双赢的人才激励机制

培养和建立学习型组织对于促进组织创新、激励员工奋进有着不可或缺的作用，可以有效减少新老员工的冲突；同时，还可以鼓励新老员工形成融洽的、良性的、和谐的工作关系。

首先，在公司层面提出学习型组织构建的要求，明确不同阶段、不同岗位和不同人员的进取要求和学习方向。

其次，提倡互帮互助。在学习中，要明确讲师和学生的角色定位，鼓励老员工通过工作培训、业余辅导等方式提升自己的专业技能，拉近双方的情感距离。

最后，对于老员工在学习和培训中的无私奉献要及时予以肯定，必要时，可以通过物质激励的方法和手段对老员工进行嘉奖。

此外，还要形成学习型团队，打破部门、新老差异组成新的学习团队，促进不同人员之间的交流和沟通，防止老员工抱团成长。

4. 平衡新老员工的优势和劣势

第一，如果在组织内部管理层次过多，部门就容易沟通不顺畅、部门上下指挥就容易出现混乱。从这个角度来说，扁平式的组织架构更适合新员工，如果能够构建开放的组织架构和部门关系，更加有利于新老员工的沟通。

第二，可以将员工进行新老搭配，以老带新，以新促老，促进组织间的和谐共处。不要将老员工或者新员工集中在某个部门中，要让他们看到对方的优点。

第三，要注重应聘人员的团队合作精神和创新力的考察，尽量招聘一些性格开放、活泼、宽容度高的应聘者。在新员工入职时，可以指定一位老员工作他们的导师。

第四，对于同一岗位的价值贡献要尽量用统一标准、指标去衡量。对于指标要量化清晰，最好不要出现相互推诿和互相扯皮的情况。

第五，对于新员工的职业发展道路的设定和沟通是必不可少的。同时，还要跟老员工做好沟通，了解老员工的发展情况和个人的志趣，帮助老员工调整职业规划之路，使老员工在公司中感受到温暖和推动力，从而更忠诚于公司。

5. 努力构建开放的公司文化

公司文化对新老员工的影响是潜移默化的，在文化建设上，管理者要起到身先士卒的作用，不仅要提倡进取、创新；还要强调民主、参与、平等。要通过管理者自身的魅力吸引下属干活，而不是通过职位的权威去命令下属工作。